Französisch kochen wie in Frankreich

Französisch kochen wie in Frankreich

Französisch kochen wie in Frankreich

Christian Délu

Kochbuchverlag Heimeran

Vorwort

Französisch kochen wie in Frankreich ist nicht nur ein Rezeptbuch, es ist auch ein Bilderbuch. In all meinen Kindheitserinnerungen spielen Küche, Kochen und gutes Essen eine wichtige Rolle. Ich habe seither beim Rühren in meinen Kasserollen viele Holzlöffel abgenutzt, denn es macht mir große Freude, Bekannte und Freunde an meinem Tisch zu bewirten.

Meinen Beruf als Fotograf übe ich vor allem auf gastronomischem Gebiet aus. Die folgenden Rezepte, die ich zu einem Familienkochbuch zusammengestellt habe, zeigen, wie ein traditionelles, manchmal ländlicheinfaches Mahl aussieht, das zu den täglichen Freuden der Franzosen gehört, zu ihrem Vergnügen, im großen Kreis zu tafeln. Um diese Rezepte zu illustrieren, habe ich meine eigenen Lieblingsfotos ausgewählt; sie zeigen, was ich an den Gerichten schätze, die ich meinen Gästen kredenze: Natürlichkeit und Einfachheit.

Christian Délu

Inhalt

ZU DEN REZEPTEN

Angaben über die Herkunft der Gerichte wurden vom Autor nur in den Fällen gemacht, wo man ein Rezept eindeutig einer bestimmten Landschaft zuordnen kann.

Da die meisten Gerichte zur Bewirtung einer größeren Tafelrunde besonders geeignet sind oder in größeren Mengen zubereitet besser gelingen, findet sich die Zahl der Personen bei jedem Rezept extra vermerkt.

Genaue Mengenangaben bei Gewürzen und Kräutern wurden mit Rücksicht auf den individuellen Geschmack meist weggelassen.

Im übrigen gelten folgende Abkürzungen: EL = Eßlöffel, TL = Teelöffel, Msp. = Messerspitze.

Ein »Kräutersträußchen« (Bouquet garni) besteht in der französischen Küche aus frischer Petersilie, mit einem Thymianzweig und Lorbeerblättern zusammengebunden.

Wo als Beilage Brot angegeben ist, heißt das immer Weißbrot; auch Landbrot ist in Frankreich meist ein helles, kräftigeres Brot.

Angaben über Backtemperaturen und -zeiten sind nur als Mittelwerte zu betrachten.

Übersetzung aus dem Französischen: Bettine Braun
Titel der Originalausgabe: La cuisine des Français

Les entrées - Vorspeisen

◄ Terrine de volaille
Geflügelterrine

Für 6 bis 8 Personen:

1 Huhn von 1,2 kg Gewicht
500 g Wurstbrät
Salz, Pfeffer
3 TL Cognac
Speck

Das Huhn ausbeinen, das weiße Fleisch und die Schenkel beiseitelegen. Das übrige Fleisch und die Leber durch den Fleischwolf drehen und mit dem Wurstbrät mischen. Diese Farce salzen, pfeffern und mit Cognac abschmecken. Eine feuerfeste Schüssel wird mit Speckscheiben ausgelegt und abwechselnd mit der Farce, Fleischstücken und Speckstreifen gefüllt. Zwei Stunden im Rohr backen und kalt mit Salat servieren.
Am besten schmeckt diese Terrine natürlich, wenn Sie ein frischgeschlachtetes Huhn verwenden.

Der passende Wein: Bourgueil, Chinon (Touraine), Saint-Émilion (Bordeaux).

Für MÜRBTEIG, der in vielen Rezepten vorkommt, hier das Grundrezept:
500 g Mehl
250 g Butter
1 EL Olivenöl
2 Eier
Salz
Man häuft das Mehl auf ein Backbrett, gibt in eine Vertiefung Butter, Olivenöl, Eigelb, etwas Salz und gut ¼ l lauwarmes Wasser und knetet die Masse zu einem geschmeidigen Teig.

Pâté en croûte au fromage de chèvre
Ziegenkäse-Pastete (Poitou)

Für 8 Personen:

600 g Mürbteig (Rezept nebenstehend)
50 g Butter
2 EL Mehl
⅓ l Milch
150 g Gruyère
150 g gekochter Schinken
Schnittlauch
1 Knoblauchzehe, Salz, Pfeffer
3 Eigelb
6 kleine Ziegenkäse (Crotin de Chavignol)

Boden und Seiten einer gebutterten Pastetenform sorgfältig mit Teig auskleiden. Aus Butter, Mehl und Milch eine sehr dicke Béchamelsauce bereiten, und nachdem sie abgekühlt ist, den geriebenen Gruyère, den kleingeschnittenen Schinken, den feingewiegten Schnittlauch und die gehackte Knoblauchzehe darunterrühren. Salzen, pfeffern und die Eigelb dazugeben. Nun legt man zuunterst drei Ziegenkäse in die Pastetenform, gibt etwa die Hälfte der Sauce darüber, läßt die übrigen Käselaibchen folgen und bedeckt diese mit dem Rest der Béchamelsauce. Darüber wird ein Teigdeckel gelegt, in den man eine kleine Öffnung geschnitten hat, durch die der Dampf entweichen kann. Die Pastete wird 1½ Stunden bei mittlerer Hitze im Ofen gebacken und, erkaltet, zu Salat serviert. Meine Gäste sind immer überrascht, eine Käsefüllung und nicht Fleisch in der Pastete zu finden.

Der passende Wein: Muscadet; Gros-Plant (Nantes).

Pâté en croûte
Fleischpastete

Für 8 Personen:

600 g Mürbteig (Rezept S.10)
300 g Kalbfleisch
300 g Schweinefleisch
150 g Schweinsleber
100 g fetter Speck
4 Eier
Salz, Pfeffer
1 Kaffeelöffel Cognac
Schnittlauch
Petersilie

Bereiten Sie einen Mürbteig mit viel Pfeffer und kleiden Sie eine Pastetenform damit aus (etwas Teig für den Deckel zurückbehalten). Kalb- und Schweinefleisch werden durch den Fleischwolf gedreht, Leber und Speck in feine Streifen geschnitten. Nun mischen Sie Eier, Salz, Pfeffer, Cognac und die gehackten Kräuter unter das Fleisch und legen die Pastetenform abwechselnd mit dieser Füllung und mit den Speck- und Leberstreifen aus. Die oberste Schicht muß aus Fleischfarce bestehen. Darüber kommt der Teigdeckel, den Sie mit kleinen Teigsternen und anderen Formen belegen können, und der einen »Kamin«, eine kleine Abzugsöffnung, haben soll. Mit Eigelb bestreichen und eineinhalb Stunden bei mittlerer Hitze im Ofen backen. Die Pastete wird kalt mit Salat als Vorspeise serviert.

Der passende Wein: Brouilly (Beaujolais); Bourgueil (Touraine).

Pâté aux herbes
Kräuterpastete

Für 8 bis 10 Personen:

700 g Kalbfleisch
500 g gekochter Schinken
500 g Wurstbrät
Salz, Pfeffer
2 Lorbeerblätter
1 Zweiglein Thymian
100 g Petersilie und Schnittlauch
Cornichons (kleine Essiggürkchen)

Das Fleisch und den Schinken kleinhacken und unter das Wurstbrät mischen, salzen, pfeffern und die gehackten Kräuter dazugeben. Diese Mischung wird in eine Terrine gefüllt und zwei Stunden bei mittlerer Hitze im Ofen gebacken. Wenn die Pastete kalt ist, serviert man sie mit Salat und Cornichons. Sie ist einfach zu bereiten und läßt sich gut aufbewahren; Sie können die Pastete beispielsweise für ein Picknick im voraus zubereiten.

Der passende Wein: Passe-tout-grain, ein einfacher roter Burgunder.

Canapés aux anchois
Sardellenschnittchen

Für 6 Personen:

6 Scheiben Brot
1 Knoblauchzehe
8 Sardellenfilets
50 g Butter
3 Tomaten
1 Selleriestaude

Man röstet die Brotscheibchen auf beiden Seiten. Währenddessen zerstampft man in einem Mörser den Knoblauch und die Sardellenfilets. Nachdem die Butter daruntergerührt ist, streicht man die Paste auf die gerösteten Brotscheiben und verziert sie mit Tomatenscheiben und einigen Selleriestengeln mit Blättchen.

Terrine de lièvre
Hasenterrine

Für 8 Personen:

1 kleiner Hase
Kalbsknochen
1 Zwiebel
1 EL Öl
Thymian und Lorbeer
2 Gewürznelken
Salz, Pfeffer
500 g Schweinefleisch
300 g fetter Speck
Speckscheiben zum Auslegen der Terrine
1 Gläschen Cognac

Den Hasen ausbeinen und die Knochen mit den Kalbsknochen und der kleingehackten Zwiebel in einem Topf mit Öl anbräunen. Einen halben Liter Wasser, Kräuter, Nelken, Salz und Pfeffer zugeben und in eineinhalb Stunden auf ein Drittel einkochen lassen. Inzwischen werden Schweinefleisch und Speck kleingehackt. Die großen Stücke des Hasenfleisches werden in Streifchen geschnitten, die kleinen gehackt und mit Schweinefleisch und Speck vermischt. Eine Terrine wird mit Speckscheiben ausgelegt und dann abwechselnd mit dem gehackten Fleisch und den Hasenfleisch-Streifchen gefüllt. Man salzt und pfeffert zwischen jeder Lage und übergießt die Terrine mit dem Cognac und der durchgeseihten Knochenbrühe. Mit Speckscheiben bedecken und eineinhalb Stunden im Ofen backen.

Der passende Wein: roter Burgunder.

Pâté de foie
Leberpastete

Für 8 Personen:

600 g Schweineleber
200 g Kalbsnuß
200 g fetter Speck
2 Zwiebeln
Petersilie
Speckscheiben zum Auslegen
Salz, Pfeffer
1 EL Cognac
4 Eier

Die Schweineleber von Häuten und Sehnen befreien, alles Fleisch durch den Fleischwolf drehen und mit den gehackten Zwiebeln und einer guten Handvoll fein gewiegter Petersilie mischen. Salzen, pfeffern, Cognac und Eier dazugeben. Die Pastetenform mit Speckscheiben auskleiden und mit der Lebermasse füllen. Mit Speck zudecken und bei mittlerer Hitze zwei Stunden im Wasserbad im Backofen garen.

Œufs brouillés aux truffes
Rühreier mit Trüffeln (Périgord)

Für 4 Personen:

8 frische Eier
3 Eßlöffel Sahne
Salz, Pfeffer
4 Trüffeln
(gekochter Schinken)

Die Eier werden in einer Schüssel mit Sahne, Salz und Pfeffer verquirlt. Man gibt den Trüffelsaft dazu und läßt die Eier in einer Pfanne auf kleiner Flamme unter ständigem Rühren cremig, aber nicht fest werden. Vom Feuer nehmen, die blättrig geschnittenen Trüffeln und, nach Wunsch, etwas kleingeschnittenen gekochten Schinken vorsichtig unter die Eier rühren. Eine Vorspeise für ein Festessen.

Der passende Wein: Chambertin, Romanée (Bourgogne); Médoc, Pomerol (Bordeaux).

Œufs en meurette
Eier in Gemüsesauce

Für 6 Personen:

1 Zwiebel
1 Karotte
1 Porreestange
2 Knoblauchzehen
Salz, Pfeffer
Thymian, Lorbeer
½ l roter Burgunder
50 g Butter
1 EL Mehl
6 Eier
1 EL Essig

Die geputzten, feingeschnittenen Gemüse werden mit dem Wein in einer Kasserolle zum Kochen gebracht, nachdem man Salz, Pfeffer und Kräuter dazugegeben hat. Nach einer halben Stunde Thymian und Lorbeer herausnehmen und das Gemüse durch den Fleischwolf passieren. Danach noch einmal fünf Minuten kochen lassen und mit einer Mehlschwitze binden. Die Eier werden in gesalzenem Essigwasser pochiert (s. Œufsengelée) und mit der Sauce übergossen serviert.

Der passende Wein: ein roter Burgunder.

Œufs en gelée
Eier in Portwein-Gelee

Für 6 Personen:

200 g Portwein-Gelee
6 frische Eier
1 EL Essig
Petersilie
1 Tomate
3 Scheiben roher Schinken
in Essig eingelegte Zwiebelchen, Oliven,
Champignons, Artischockenherzen

Lösen Sie das Gelee in einem Töpfchen im Wasserbad auf und fügen Sie einen Schuß Portwein hinzu, wenn es nicht aromatisch genug ist. Füllen Sie den Boden von sechs Förmchen mit Gelee, das sie im Kühlschrank festwerden lassen. Die Eier werden inzwischen in leicht gesalzenem Essigwasser pochiert, indem man sie einzeln in eine kleine Schöpfkelle schlägt und vorsichtig ins kochende Wasser gleiten läßt. Sobald sie an die Oberfläche steigen, nimmt man sie mit der Schaumkelle heraus, läßt sie abtropfen und schneidet sie schön rund. In jedes Förmchen wird nun ein wenig Petersilie, eine dünne Tomatenscheibe und ein Schinkenscheibchen gelegt. Obenauf gibt man je eines der abgekühlten Eier, die man mit Gelee übergießt. Erstarren lassen und mit den eingelegten Gemüsen servieren.
Dieses Rezept gelingt besonders gut mit ganz frischen Eiern, die beim Pochieren innen weich bleiben. Sie können die Gelee-Eier gut im voraus zubereiten.

Tomates farcies au thon
Tomaten mit Thunfisch gefüllt

Für 6 Personen:

6 Tomaten
200 g Thunfisch aus der Dose
50 g Butter
Salz
1 Ei
Oliven
1 Zitrone

Man schneidet von den Tomaten einen Deckel ab und nimmt das Fleisch heraus, dreht sie um und läßt sie abtropfen. Der fein zerdrückte Thunfisch wird mit der Butter zu einer geschmeidigen Creme verrührt, die man nach Geschmack salzt. Das Ei wird hartgekocht, geschält und in feine Scheiben geschnitten. Jede Tomate erhält etwas Thunfischfüllung und als Garnitur Eischeibchen und Oliven. Mit Zitronenvierteln servieren.

Diese Vorspeise gelingt am besten, wenn die Tomaten reif und aromatisch sind.

Macaroni au gratin
Überbackene Schinken-Makkaroni

Für 6 Personen:

500 g Makkaroni
100 g Gruyère
3 Scheiben gekochter Schinken
50 g Butter
3 EL Sahne
Salz, Pfeffer

Die Makkaroni werden in Salzwasser gekocht und zum Abtropfen in ein Sieb geschüttet. Dann mischt man sie mit 50 g geriebenem Käse und dem in Würfelchen geschnittenen Schinken, verteilt sie in einer gebutterten, feuerfesten Form und gießt die Sahne darüber. Verteilen Sie den Rest Gruyère und ein paar Butterflöckchen darüber, streuen Sie zuletzt etwas Pfeffer darauf und überbacken Sie die Makkaroni im Ofen oder im Grill.

Pipérade
Baskenland (Béarn)

Für 6 Personen:

3 Paprikaschoten
2 Eßlöffel Öl
3 Tomaten
2 Knoblauchzehen
8 frische Eier
Salz, Pfeffer

Die Paprikaschoten waschen, sorgfältig entkernen und für zehn Minuten in kochendem Wasser blanchieren. Abtropfen lassen, in große Stücke schneiden und in heißem Öl weich braten. Die Tomaten überbrühen und die Haut abziehen. Die geviertelten Tomaten und den gehackten Knoblauch zu den Paprikaschoten geben, fünf Minuten mitdünsten und dann die verquirlten Eier darübergießen. Salzen, pfeffern und bei mittlerer Hitze die Eier fest werden lassen. Das Omelett wenden, fertig backen und heiß servieren.

Der passende Wein: Madiran oder Rouge de Cahors.

Omelette aux fines herbes
Kräuteromelett

Für 6 Personen:

10 frische Eier
Salz, Pfeffer
25 g Petersilie
25 g Schnittlauch
2 Eßlöffel Sahne
25 g Butter

Die Eier werden in einer Schüssel gut verquirlt, gesalzen, gepfeffert und mit den feingewiegten Kräutern verrührt. Lassen Sie dann in der Pfanne etwas Butter zergehen und gießen Sie die verquirlten Eier hinein. Während die Masse auf mittlerer Flamme zu stocken beginnt, stechen Sie mit einer Gabel mehrfach hinein, damit die noch flüssigen Eier sich unter dem bereits gebackenen Omelett verteilen. Klappen Sie das fertige Omelett (es muß locker und saftig sein) zusammen und servieren Sie es sofort.
Anstelle von Schnittlauch können Sie auch einmal Estragon verwenden.

Omelette aux girolles
Omelett mit Pfifferlingen

Für 6 Personen:

200 g Pfifferlinge
100 g Räucherspeck
25 g Butter
10 frische Eier
Salz, Pfeffer
Petersilie

Pfifferlinge waschen, putzen und gut abtropfen lassen. Speck feinwürflig schneiden und in Butter anbräunen. Pfifferlinge dazugeben, eine Viertelstunde dünsten lassen. Inzwischen werden die Eier mit Salz, Pfeffer und gehackter Petersilie verquirlt und dann über die Pfifferlinge gegossen. Auf mittlerer Flamme das Omelett fest werden lassen, zusammenklappen und sofort servieren.

Omelette à l'oseille
Omelett mit Sauerampfer

Für 6 Personen:

10 Eier
Salz, Pfeffer
15 Sauerampfer-Blätter
25 g Butter

Die Eier werden in einer Schüssel mit Salz und Pfeffer verquirlt, der Sauerampfer gewaschen und die dicken Stielenden der Blätter abgeschnitten. Nachdem man sie grob gehackt hat, werden die Blätter in Butter fünf Minuten unter Umrühren gedünstet. Man gibt die verquirlten Eier darüber, läßt sie auf mittlerer Flamme fest werden, klappt das Omelett zusammen und serviert es gleich.
Als ich einmal auf einem Bauernhof im Poitou zu einer vormittäglichen Brotzeit eingeladen war, wurde mir solch ein Omelett mit einer dick gebutterten Scheibe Landbrot, Ziegenkäse und Knoblauchzehen serviert. Welche Köstlichkeit!

Omelette provençale
Provenzalisches Omelett

Für 4 Personen:

3 Schalotten
3 Paprikaschoten
3 Tomaten
1 Knoblauchzehe
2 EL Olivenöl
50 g schwarze Oliven
8 Eier
Salz, Pfeffer
Butter
Petersilie

Putzen Sie Schalotten und Paprikaschoten und geben Sie das kleingeschnittene Gemüse, die geschälten Tomaten und den gehackten Knoblauch in eine Pfanne mit heißem Olivenöl. Eine halbe Stunde lang dünsten lassen und dann die entkernten Oliven dazugeben. In einer anderen Pfanne bereiten Sie aus den verquirlten Eiern, Salz und Pfeffer mit der heißen Butter das Omelett, auf das Sie, wenn es halb fertig gebacken ist, die gedünsteten Gemüse schütten. Sobald das Omelett goldgelb ist, wird es vorsichtig zusammengeklappt und mit dem Rest des Gemüses garniert. Mit Petersilie bestreut heiß servieren.

Œufs brouillés
Rühreier

Für 6 Personen:

10 frische Eier
Salz, Pfeffer
2 Eßlöffel Sahne
Petersilie
geröstete Brotscheiben

Man verquirlt die Eier in einer Schüssel und fügt eine Messerspitze Salz, etwas frisch gemahlenen schwarzen Pfeffer und die Sahne hinzu. Mit der Gabel weiter schaumig schlagen und die gehackte Petersilie dazugeben. In eine Kasserolle gießen und mit einem Holzlöffel auf ganz kleiner Flamme cremig rühren; vom Feuer nehmen, sobald die Masse fester wird. Die Rühreier werden sofort auf gerösteten Brotscheiben serviert. Die Teller sollten vorgewärmt sein.
Als Vorspeise, als rasche Zwischenmahlzeit oder zu einem üppigen Frühstück schmecken so zubereitete Eier vorzüglich. Variation: Man nimmt fein gewiegten Schnittlauch anstelle von Petersilie und geriebene Muskatnuß anstatt Pfeffer.

◄ Anchoïade
Sardellenpaste (Provence)

150 g Sardellenfilets
100 g Butter
100 g Püree aus schwarzen Oliven (Tapenade)
1 Knoblauchzehe
50 g Semmelbrösel
4 Scheiben Brot
ein paar schwarze Oliven

Die Sardellenfilets werden in einem Mörser mit der Butter und dem Olivenpüree (das man fertig kaufen kann) vermischt und zerstoßen, bis eine dicke Creme entsteht. Dann werden der gehackte Knoblauch und die Brösel hinzugefügt und die Brotscheiben auf beiden Seiten geröstet. Die mit der Paste bestrichenen Brotscheiben schiebt man noch ein paar Minuten in den Grill und verziert sie dann mit Oliven und Tomatenvierteln. Mit kühlem Rosé als Vorspeise oder zum Aperitif servieren. Dieses Rezept eignet sich auch vorzüglich zum Picknick. Man röstet die Brotscheiben über der Glut und bestreicht sie heiß mit Sardellenpüree.

Der passende Wein: Vin de Cassis (Provence); Côtes-de-Provence.

Nouilles fraîches
Hausgemachte Nudeln

Für 6 Personen:

350 g Mehl
4 Eier
Salz

Schütten Sie das Mehl auf ein großes Brett und machen Sie eine kleine Vertiefung in die Mitte, in die Sie die Eier, zwei Prisen Salz und einen Eßlöffel Wasser füllen. Das Ganze wird vorsichtig zu einem geschmeidigen Teig verarbeitet, den man ein bis zwei Stunden ruhen läßt. Nun rollen Sie den Teig dünn aus und schneiden ihn mit einem großen Messer in breite Streifen. Nachdem die Nudeln einige Stunden getrocknet sind, werden sie in Salzwasser gekocht.
Eine elsässische Spezialität: frische Hausmacher-Nudeln mit Hasenpfeffer (Rezept Seite 146).

Pâté de Pâques
Osterpastete (Poitou-Vendée)

Für 8 bis 10 Personen:

600 g Mürbteig (Rezept S.10)
50 g Schweineschmalz
Salz, Pfeffer
6 Eier
300 g gekochten Spinat
200 g geräucherter Speck
800 g Wurstbrät
3 dicke Scheiben gekochten Schinken

Den Mürbteig mit Schweineschmalz und viel Pfeffer verkneten, die Eier hart kochen und abschrecken. Spinat putzen und mit dem kleingeschnittenen Speck in der Pfanne anbräunen lassen. Das Wurstbrät nötigenfalls salzen und pfeffern. Nun formt man aus etwa einem Drittel des Pastetenteigs einen rechteckigen Boden, auf dem eine Schicht Wurstbrät und die Schinkenscheiben verteilt werden. Darüber kommt eine Lage Spinat, die hartgekochten, geschälten Eier, wieder Spinat und, zuoberst, eine Lage Brät. Decken Sie den Rest des Teigs darüber, formen Sie einen länglichen Laib und verkleben Sie die Ränder gut. Die Pastete wird mit Teigmotiven verziert, erhält eine Abzugsöffnung, wird mit Eigelb bestrichen und zwei Stunden bei mäßiger Hitze im Ofen gebacken. Während der ersten Stunde der Backzeit muß der Teig mit einem Stück ölgetränkten Papier bedeckt werden. Man kann die Osterpastete lauwarm oder kalt servieren.

Der passende Wein: Gros-Plant oder ein leichter Bordeaux.

Fondue Savoyarde
Savoyer Käsefondue

Für 6 Personen:

1,3 kg Beaufort- oder Comté-Käse
1 Knoblauchzehe
Salz, Pfeffer
3 Gläser trockener Weißwein
1 Likörglas Kirschwasser

Der Käse wird grob geraspelt, die Knoblauchzehe kleingehackt und dann auf dem Boden eines Caquelons (einer feuerfesten irdenen Fondue-Kasserolle) zerdrückt. Man gießt den Wein darüber und erhitzt ihn. Den kochenden Wein mit Salz und Pfeffer würzen, den Käse beigeben und unter ständigem Rühren mit einem Holzlöffel langsam schmelzen. Der Käse muß den Wein ganz aufgenommen haben und zu einer geschmeidigen Creme geworden sein, ehe Sie den Kirsch dazugießen. Nun soll das Fondue sofort serviert und während des Essens auf einem Rechaud (Spirituskocher) auf kleiner Flamme warmgehalten werden. Jeder Gast tunkt Brotstückchen an einer langen Gabel ins Fondue. Dazu schmeckt ein Gläschen Kirsch.
Wenn man das Fondue mit etwas Stärkemehl bindet, kann man verhindern, daß sich beim Erkalten Käse und Alkohol scheiden. Ich finde es allerdings leichter und bekömmlicher ohne Mehl. Beim Käse kann man etwas variieren: man mischt Beaufort und Comté oder fügt etwas Vachérin oder Schweizerkäse wie Gruyère oder Fribourg hinzu. Auf keinen Fall darf man trockenen Käse verwenden; er muß fett und sehr aromatisch sein.

Der passende Wein: Blanc de Savoye, Crépy.

Canapés au Roquefort
Roquefort-Brötchen

Für 8 Personen:

150 g Roquefort
100 g Butter
3 Eßlöffel Cognac
25 g Rosinen
50 g grüne Nüsse
Schnittlauch
Brot

In einer großen Schüssel werden Butter und Roquefort zu einer geschmeidigen Paste verknetet, in die man Cognac, Rosinen, Nüsse und gehackten Schnittlauch mischt. Nun streichen Sie die Käsecreme auf Scheiben von Landbrot oder Toastbrot und verzieren sie mit Nußkernen. Die Mischung aus Butter, Roquefort und Cognac können Sie im voraus zubereiten; sie entwickelt so erst richtig ihr Aroma, das mit etwas Cayennepfeffer noch abgerundet werden kann. Nüsse und Rosinen dürfen erst kurz vor dem Servieren hinzugefügt werden. Als Vorspeise oder zum Aperitif servieren.

Croûtes au fromage
Überkrustete Käsebrote

Für 6 Personen:

Landbrot
200 g Gruyère
2 Eier
50 g Butter
25 g Sahne
Muskatnuß
Schnittlauch
Salz, Pfeffer

Man schneidet sechs nicht zu dicke Scheiben Brot und bestreicht sie mit Butter. Der Käse wird gerieben und in einer Schüssel mit Eiern und Sahne vermischt. Man würzt mit Salz, Pfeffer und etwas geriebener Muskatnuß und verrührt alles gut. Nun werden die Brotscheiben mit dieser Mischung bestrichen und im vorgeheizten Ofen bei mittlerer Hitze goldgelb überbakken. Mit gehacktem Schnittlauch bestreut warm oder lauwarm servieren.

Soufflé au fromage
Käsesoufflé

Für 6 Personen:

½ Liter Milch
Mehl
Salz, Pfeffer
5 Eier
25 g Butter
150 g Gruyère

Aus Butter, Mehl und Milch bereitet man eine dicke Béchamelsauce, die mit Salz und Pfeffer gewürzt wird. Der geriebene Käse wird dazugerührt, bis er geschmolzen ist. Die Sauce vom Feuer nehmen und die Eigelb darunterrühren. Die zu Schnee geschlagenen Eiweiß werden vorsichtig untergehoben. In eine gebutterte Auflaufform gießen und bei mittlerer Hitze backen, bis das Soufflé goldgelb und schön aufgegangen ist. Sofort auf den Tisch bringen.

Foie gras en brioche
Gänseleberpastete

▶

Für 8 bis 10 Personen:

2 Gänse- oder Entenfettlebern von je 400 g Gewicht
Salz, Pfeffer
2 l Geflügelbouillon
400 g Briocheteig
2 Trüffeln
Speckscheiben
Gelee

Man enthäutet die Lebern, legt sie für einen halben Tag in Salzwasser ein, salzt und pfeffert sie dann. In ein Tüchlein eingebunden, läßt man die Lebern eine Viertelstunde in der sprudelnden Geflügelbouillon kochen und dann darin abkühlen. Inzwischen wird der Briocheteig zubereitet (s. u.), mit dem man eine gut gebutterte, rechteckige Kuchenform auskleidet. Man nimmt die Lebern aus der Bouillon, läßt sie auf einem Sieb abtropfen, spickt sie mit Trüffelstreifen und umwickelt sie mit den Speckscheiben. Sie werden in die Form gelegt, mit Briocheteig bedeckt und bei 180—200° goldgelb gebacken. Aus dem Rohr nehmen und abkühlen lassen. Das Gelee wird unter Beigabe von 2 Eßlöffeln Trüffelsaft zum Schmelzen gebracht und in die Höhlung gegossen, die im Teig entstanden ist. Erkalten lassen; mit dem übrigen Gelee verzieren.
Briocheteig:
Aus einem Würfel Hefe, etwas Zucker und lauwarmer Milch wird ein Vorteig bereitet, den man etwas gehen läßt und dann mit 400 g Mehl, zwei Eiern und einem Eigelb, 180 g weicher Butter und einer Prise Salz zu einem mittelfesten, geschmeidigen Teig verarbeitet.

Tourte à la viande
Fleischtorte

Für 6 Personen:

600 g Mürbteig (Rezept S. 10)
300 g gekochtes Suppenfleisch
300 g Wurstbrät
4 Zwiebeln
50 g Butter
Salz, Pfeffer
1 Eigelb
1 Lorbeerblatt

Eine tiefe Kuchenform wird mit dem Teig ausgekleidet; die Zwiebeln hackt man grob und läßt sie in einem Topf mit zerlassener Butter bräunen. Das grobgehackte Fleisch und das Wurstbrät dazugeben, leicht anbraten, salzen, pfeffern und das gehackte Lorbeerblatt dazugeben. Man füllt die Form mit dieser Fleischmasse, breitet einen Teigdeckel darüber, der ein kleines Abzugsloch hat, bestreicht ihn mit Eigelb und bäckt die Pastete eine Stunde bei mittlerer Hitze im Rohr.
Für dieses Rezept kann man jede Sorte Fleisch verwenden, Kalb, Schwein oder sogar Hammel, zu dem man allerdings kein Wurstbrät mischen sollte. Eine Fleischsorte muß etwas fett sein, sonst wird die Pastete zu trocken.

Der passende Wein: ein Rotwein (Bordeaux oder Burgunder).

Pan bagnat
»Gebadetes Brot« (Provence)

Pro Person:

1 Brötchen oder ein großes Stück Stangenweißbrot (Baguette)
3 EL Olivenöl
2 eingelegte Sardellenfilets
1 feste Tomate
1 Stange Sellerie
1 EL voll Thunfisch aus der Dose
1 TL Zitronensaft

Das Brötchen oder Brotstück wird durchgeschnitten und beide Teile werden in Olivenöl »gebadet«. Auf eine Hälfte gibt man die kleingeschnittenen, gut vermengten Zutaten, die zum Schluß mit Zitronensaft beträufelt werden. Etwas Salz darüber streuen und mit der anderen Brothälfte bedecken. Das Pan bagnat schmeckt am köstlichsten, wenn Sie es in einem Pinienhain verspeisen, wo die Luft von Thymian- und Rosmarinduft erfüllt ist ...

Der passende Wein: Rosé de Provence, Tavel (Côtes-du-Rhône).

Cuisses de grenouilles
Froschschenkel (Dombes)

Für 6 Personen:

6 Dutzend Froschschenkel
2 Eier
6 Knoblauchzehen
1 Tasse Semmelbrösel
Salz, Pfeffer
50 g Petersilie
150 g Butter

Verquirlen Sie die Eier in einer Schüssel und vermischen Sie die kleingehackten Knoblauchzehen und die feingewiegte Petersilie mit den Semmelbröseln. Die Froschschenkel werden zuerst in den verquirlten Eiern, dann in den Bröseln gewendet, in heißer Butter herausgebacken und sofort serviert.

Der passende Wein: Chablis (weißer Burgunder); Sancerre.

Escargots
Schnecken (Burgund)

Für 4 Personen:

4 Dutzend Schnecken
Schneckensud mit: Zwiebeln, Karotte, Knoblauch,
Thymian, Lorbeer, Salz, Pfeffer, Weißwein
150 g Butter
30 g Petersilie
6 Knoblauchzehen
Salz, Pfeffer

Nehmen Sie Weinbergschnecken aus Burgund, die lange gefastet haben und eingedeckelt sind. Waschen Sie sie in kaltem Wasser und legen Sie sie dann samt Häuschen für zehn Minuten in kochendes Wasser. Dann wird das Fleisch aus dem Gehäuse gezogen und dreieinhalb Stunden in der Brühe gekocht, in der man es auch abkühlen läßt. Die Kräuterbutter bereiten Sie so: der zerdrückte Knoblauch, Salz, Pfeffer und die gehackte Petersilie werden mit der Butter schaumig gerührt. Die trockenen Schneckenhäuschen werden zur Hälfte mit dieser Butter gefüllt, das Fleisch wird hineingedrückt und wieder mit Kräuterbutter bestrichen. Die gefüllten Häuschen legen Sie in eine Schneckenpfanne, schieben sie zehn Minuten lang in den vorgeheizten Ofen und servieren sie sofort.

Gâteau de crêpes aux champignons
Pfannkuchenauflauf mit Champignons

Für 6 Personen:

18 Crêpes
300 g kleine Champignons de Paris
1 EL Mehl
¼ l Milch
50 g Butter
Salz, Pfeffer
100 g geriebener Gruyère

Backen Sie aus verquirlten Eiern, Milch oder Sahne, etwas Mehl und einer Prise Salz in heißer Butter achtzehn nicht zu dünne Pfannkuchen und stellen Sie sie warm, während die Champignons gründlich gewaschen und geputzt, oder, wenn sie aus der Dose kommen, abgetropft werden. Braten Sie die Champignons in 25 g Butter leicht an. Aus einem Eßlöffel Mehl, einem Viertelliter Milch und 25 g Butter bereiten Sie eine Béchamelsauce, die mit etwas Salz und Pfeffer abgeschmeckt wird. Unter die fertige Sauce geben Sie den geriebenen Käse und die Champignons. Nun wird eine Auflaufform abwechselnd mit Crêpes und Champignonsauce gefüllt; die Form wird vor dem Servieren noch kurz in die Backröhre geschoben. (Noch besser wird dieses Gericht, wenn Sie die Hälfte der Milch für die Béchamelsauce durch Sahne ersetzen.)

Der passende Wein: Saint-Émilion (Bordeaux) oder ein leichter Burgunder.

Quiche Lorraine
Lothringer Speckkuchen

Für 6 Personen:

500 g Mürbteig (Rezept S. 10)
100 g geräucherter Speck
100 g gekochter Schinken
25 g Butter
4 Eier
½ Glas Milch
½ Glas Sahne
2 EL Mehl
Salz, Pfeffer
Muskatnuß

Der Mürbteig wird mit einem Ei verknetet. Eine gebutterte Springform mit hohem Rand legt man mit dem Teig aus. Speck und Schinken in kleine Würfel schneiden und in Butter anbräunen. Eier, Milch, Sahne und Mehl werden verquirlt, mit Salz, Pfeffer und etwas geriebener Muskatnuß abgeschmeckt, und, nachdem der abgetropfte Speck und Schinken auf dem Teig verteilt wurden, vorsichtig darübergegossen. Die Quiche wird in den auf 200–225° vorgeheizten Backofen geschoben und hat nach einer halben Stunde eine knusprige, goldbraune Kruste. Sie kann warm, lauwarm oder kalt mit grünem Salat gegessen werden.
Eine Variation: Mischen Sie Gruyère- oder Beaufort-Stückchen unter den Speck.

Der passende Wein: Pinot rouge d'Alsace.

Tarte aux choux
Kohltorte

Für 6 Personen:

1 Kohlkopf
500 g Mürbteig (Rezept S. 10)
300 g Räucherspeck
3 Schalotten
Salz, Pfeffer
50 g Butter

Ein schöner, mittelgroßer Kohlkopf wird geputzt, von den groben Rippen befreit und eine halbe Stunde lang in kochendem Salzwasser blanchiert. Inzwischen bereitet man einen Mürbteig, mit dem eine gebutterte Kuchenform ausgekleidet wird. Speck und Schalotten werden ganz fein gehackt und in einer möglichst großen Pfanne in Butter leicht angebräunt. Den blanchierten, grob geschnittenen Kohl beifügen, zugedeckt unter gelegentlichem Rühren sanft schmoren lassen und gut abschmecken. Die Form wird mit dieser Masse gefüllt, diese mit einigen Butterflöckchen belegt und 30–40 Minuten bei 200–225° gebacken. Warm servieren.

Der passende Wein: ein roter Burgunder.

Tarte à l'oignon
Zwiebelkuchen (Elsaß)

Für 6 Personen:

500 g Mürbteig (Rezept S. 10)
500 g Zwiebeln
100 g geräucherter Speck
25 g Butter
Salz, Pfeffer
3 EL Mehl
½ Tasse Sahne

Eine gut gebutterte Springform mit dem Mürbteig auslegen, den Teig mit der Gabel mehrfach anstechen und mit getrockneten Bohnen oder Erbsen belegen, damit er keine Blasen wirft; dann die Form ganz kurz in den heißen Backofen schieben, bis sich der Teig leicht färbt. Lassen Sie in einer Pfanne die Butter zergehen und bräunen Sie den würfelig geschnittenen Speck darin an. Die grob gehackten Zwiebeln dazugeben und auf kleiner Flamme eine gute Viertelstunde lang schmoren lassen, ohne daß sie braun oder zu weich werden. Salzen, pfeffern und unter Rühren das Mehl darüberstäuben. Vom Feuer nehmen, die Sahne darunterrühren und die Zwiebelmasse dann in die Kuchenform füllen und bei mittlerer Hitze eine halbe Stunde lang backen.

Der passende Wein: ein trockener Elsässer Weißwein, am besten ein Riesling.

Melon au jambon cru
Melone mit rohem Schinken

Für 4 Personen:

2 mittelgroße Melonen
16 Scheiben roher Schinken

Die Melonen in Scheiben schneiden und die Kerne entfernen. Jeder bekommt etwa eine halbe Melone in Scheiben und auf einem Extratellerchen, 4 hauchfeine Scheiben rohen Schinken. Beides wird zusammen gegessen, aber getrennt aufgetragen, weil der Schinken durch den Melonensaft sein Aroma verlieren würde.
Es ist wichtig, sehr gute Melonen zu wählen. Ich selbst mache das mit meiner Nase, wie beim Camembert. Es ist gar nicht nötig, mit dem Daumen die Schale einzudrücken, damit verärgert man nur den Händler. Eine reife Melone hat einen feinen, nicht zu intensiven Duft. Zu stark duftende Melonen sind schon überreif.

Célerie remoulade
Selleriesalat in Remouladensauce

Für 6 Personen:

1 große Sellerieknolle
Salz, Pfeffer
3½ EL guter Weinessig
2 EL Senf
1 Glas Öl

Putzen und raffeln Sie den Sellerie, streuen Sie Salz darüber und lassen Sie ihn eine Stunde zugedeckt im Essig ziehen. Inzwischen geben Sie in eine Schüssel zwei Eßlöffel Senf, eine Messerspitze Salz und einen Kaffeelöffel Essig. Das Öl wird nach und nach daruntergerührt. Servieren Sie den Sellerie, sobald Sie ihn mit dieser Sauce vermischt haben.
Dies ist eine herrliche Vorspeise im Winter, die, zusammen mit Rote-Beete-Salat mit Kräutern, Porreesalat und Salat aus rohem Weißkohl gereicht werden kann.

Saucisson en croûte
Wurst im Teigmantel (Lyonnais)

Für 4 Personen:

etwa 600 g kräftige, geräucherte Kochwurst (roh)
etwa 350 g Halbblätterteig
1 Ei
Für den Teig:
300 g Mehl
150 g weiche Butter
Salz
2 EL Wasser

Mehl, Butter und Wasser mit einer Prise Salz zu einem
Teig verkneten, den man zu einem Rechteck ausrollt,
zusammenlegt und im Kalten ruhen läßt. Vor der Ver-
arbeitung wird er nochmals ausgerollt und wieder zu-
sammengefaltet. Die Wurst muß eine halbe Stunde
lang in leise kochendem Wasser ziehen, ehe man die
Haut abzieht. Dann legt man sie auf den ausgebreite-
ten Blätterteig, wickelt sie ein, verschließt die Enden
gut mit Eiweiß, bestreicht den Teig mit dem Eigelb und
bäckt die Wurst dann bei 200° etwa eine halbe Stunde
im Ofen. Warm mit Salat servieren.

Rillettes
(Anjou)

Für 8 Personen:

500 g frisches, mageres Schweinefleisch
500 g Schweinebrust
100 g Gänsefett
500 g Gänsefleisch
1 Schalotte
3 Lorbeerblätter
1 Thymianzweig
Salz, Pfeffer

Man zerläßt das Gänsefett in einer Kasserolle und fügt
das kleingeschnittene Fleisch, die Schalotte, den Thymian und die Lorbeerblätter hinzu. Nachdem man mit
Salz und Pfeffer abgeschmeckt hat, läßt man das
Fleisch vier Stunden lang auf kleinster Flamme schmoren. Es darf nicht kochen. Dann werden Lorbeer und
Thymian herausgenommen, das Fett seiht man durch
ein Tüchlein ab, füllt das Fleisch in kleine Steingut-
töpfe und gießt das ausgebratene Fett darauf. Ver-
schließen Sie die Töpfchen mit Papier; kalt aufbewahrt
sind die Rillettes lange haltbar.

Der passende Wein: roter Bordeaux oder Burgunder.

◀ Œuf à la coque
Ei, in der Schale gekocht

Man könnte glauben, es sei so einfach, ein Ei zu kochen, daß man dafür nicht extra ein Rezept schreiben müsse. Ich bin nicht dieser Meinung, denn ganz so leicht ist es gar nicht, ein weiches Ei richtig zu bereiten. Man muß dabei ein paar einfache Regeln befolgen, die sich allerdings noch nicht überall herumgesprochen zu haben scheinen. Zunächst einmal sollte man nur ganz frische, am besten Landeier, verwenden. Das Ei sollte auch nicht gerade aus dem Kühlschrank kommen, wenn man es ins kochende Wasser gibt. Warten Sie, bis es Zimmertemperatur hat. Man bringt also Wasser zum Kochen (und benutzt nicht, wie ich es schon gesehen habe, die Suppe oder Fleischbrühe, um das Ei darin zu kochen!) und legt dann das Ei vorsichtig mit Hilfe eines Löffels auf den Boden des Topfes, damit es nicht springt. Drei Minuten Kochzeit braucht es, wenn das Eiweiß noch ein wenig flüssig sein darf, dreieinhalb Minuten, wenn es fest werden soll. Dann nimmt man das Ei aus dem Wasser und hüllt es in zwei warme Servietten ein. Es soll sofort serviert werden.

Ich beteilige mich nicht an dem Streit, ob man das Ei am runden oder spitzeren Ende öffnen soll. Um Frieden zu stiften, erinnere ich daran, daß man das Ei im Mittelalter zum Verspeisen quer hinlegte und oben an der Längsseite öffnete.

Raclette
(Savoyen)

Für 8 Personen:

½ Raclette-Käse
1 kg Kartoffeln
1 kg Karotten
500 g Zwiebeln
500 g weiße Rüben
100 g geräucherter Speck
Salz, Pfeffer
Thymian, Lorbeerblätter

Geben Sie das gewaschene, geputzte und nach Belieben zerkleinerte Gemüse mit dem kleingeschnittenen Speck in zwei Liter sprudelndes Wasser, fügen Sie Salz, Pfeffer, Thymian und ein Lorbeerblatt hinzu und kochen Sie es wie für eine Gemüsesuppe. Bereiten Sie ein Holzkohlenfeuer vor. Der Raclette-Käse soll nicht zu frisch und sehr aromatisch sein. Der Käse wird auf ein Brett, das seiner Größe etwa entspricht, vor die Glut gestellt. Er wird, während Sie das Gemüse in der Bouillon auftragen, an einer Seite zu schmelzen beginnen. Jeder Gast erhält nun etwas Gemüse und eine Portion mit dem Messer oder Spatel abgeschnittenen, weichen Käse auf seinen vorgewärmten Teller.
Acht Gäste sind das Maximum, wenn der einzelne nicht zu lange auf seine Käseportion warten soll. — Man kann auch Cornichons zur Raclette servieren.

Sehr wichtig ist dazu natürlich der passende Wein: Marestel, Crépy (Savoyer Weißwein)

Les potages - Suppen

Soupe au pistou
Basilikumsuppe (Provence)

Für 6 Personen:

300 g grüne Bohnen
150 g frische weiße Bohnen
150 g frische rote Bohnen
3 Kartoffeln
4 feste Tomaten
4 Knoblauchzehen
1 Zwiebel
1 Sträußchen frisches Basilikum
4 EL Olivenöl
Salz, Pfeffer
2½ l Wasser

Das Gemüse wird geputzt, die Tomaten heiß überbrüht und geschält und in 2½ Liter Wasser, dem man Salz und Pfeffer beigefügt hat, etwa eine Dreiviertelstunde gekocht. Inzwischen zerstößt man den gehackten Knoblauch und das feingewiegte Basilikum mit dem Olivenöl in einem Mörser. Bei Tisch gibt man in große, tiefe Keramikteller je etwas von der Basilikum-Knoblauch-Mischung und gießt die heiße Suppe darüber. Sofort servieren.

Aigo boulido
Provenzalische Knoblauchsuppe

Für 6 Personen:

6 Knoblauchzehen
einige frische Salbeiblätter
Salz, Pfeffer
helles Landbrot
3 EL Olivenöl

Knoblauch und Salbei fein hacken und im Mörser zerstoßen. Mit zwei Litern Wasser in einen Topf geben, salzen, pfeffern und zum Kochen bringen. Inzwischen das Brot in feine Scheibchen schneiden und mit dem Öl beträufeln. Nach einer Viertelstunde wird die Brühe vom Feuer genommen, über das Brot gegossen und sofort aufgetragen.

Soupe de poissons
Fischsuppe

Für 6 Personen:

1 kg Suppenfisch (Seewolf, Drachenkopf, Goldbrasse, Hechtdorsch, Peterfisch, Seezunge, Meeräsche, oder, statt dessen: Angelschellfisch, Kabeljau, Heilbutt, Scholle, Meeraal, Goldbarsch, Makrele)
3 EL Öl
2 Zwiebeln
2 Tomaten
3 Knoblauchzehen
1 Stange Porree
1 Lorbeerblatt
etwas Fenchelkraut
Salz, Pfeffer
100 g Krabbenfleisch
geröstete Brotscheibchen
geriebener Käse

Erwärmen Sie das Öl in einem Topf und geben Sie die feingehackten, im Mörser zerstoßenen Gemüse, Fenchel, Lorbeer und die Fische dazu. Fünf Minuten andünsten, mit Wasser bedecken, salzen, pfeffern und eine halbe Stunde lang auf großer Flamme brodeln lassen. Dann werden die Fische herausgenommen, entgrätet, und das Gemüse wird mit dem Krabbenfleisch durch den Wolf passiert. Das Lorbeerblatt aus der Brühe nehmen, fünf Minuten kochen lassen. Manche Fischsuppen-Rezepte enthalten Safran. Ich finde es besser, dieser Suppe ihren typischen Fischgeschmack zu lassen. Man serviert sie mit gerösteten Brotscheibchen, die man mit Knoblauch abgerieben hat, und streut reichlich geriebenen Käse darüber.

Soupe aux pâtes
Gemüsesuppe mit Teigwaren

Für 6 Personen:

100 g grüne Bohnen
100 g frische grüne Erbsen
2 Zwiebeln
3 Tomaten
2 Karotten
Petersilie
100 g Teigwaren
25 g Butter
Salz, Pfeffer
2 l Wasser

In einem Topf die Butter zergehen lassen und darin die kleingehackten Zwiebeln und Karotten anbräunen. Geputzte, eventuell gebrochene Bohnen, Erbsen, überbrühte, geschälte Tomaten und gehackte Petersilie dazugeben. Zwei Liter Wasser aufgießen und die Suppe eine halbe Stunde kochen lassen. Dann fügen Sie Salz, Pfeffer und Teigwaren hinzu und kochen die Suppe noch so lange, bis die Teigwaren gar sind.

Soupe du Sud-Ouest
»Südwest-Suppe«

Für 6 Personen:

1 kg frisch gepökeltes Schweinefleisch
500 g frische grüne Bohnen
500 g frische dicke Bohnen
3 weiße Rüben
4 Karotten
3 Porreestangen
2 Zwiebeln
½ Weißkohl
1 Msp. Pimentpulver
3 Knoblauchzehen
4 Nelken

Das Pökelfleisch wird unter fließendem Wasser gewaschen, in einen Topf mit vier Litern kaltem Wasser zum Sieden gebracht und mit den Bohnen zusammen eine halbe Stunde lang gekocht. Dann gibt man die grob geschnittenen Gemüse, Piment, Knoblauch und Nelken dazu, bringt die Suppe wieder zum Kochen und läßt sie eineinhalb Stunden leise brodeln. Versuchen Sie, ob die fertige Suppe noch gesalzen werden muß; das Pökelfleisch sollte eigentlich genug Salz abgegeben haben.

Der passende Wein: Madiran oder Cahors.

Soupe au fromage
Käsesuppe

Für 6 Personen:

1 l Milch
1 l Bouillon
25 g Butter
2 EL Mehl
150 g geriebener Gruyère
1 Knoblauchzehe
Salz, Pfeffer
1 Eigelb

Aus Mehl und Butter eine hellbraune Einbrenne bereiten, mit etwas kalter Brühe ablöschen und mit heißer Bouillon aufgießen. Fügen Sie Salz, Pfeffer und die kleingehackte Knoblauchzehe hinzu. Die Milch wird in einem anderen Topf erhitzt und langsam, unter ständigem Rühren, in die Einbrenne eingerührt. Binden Sie die Suppe mit einem Eigelb und streuen Sie den geriebenen Käse hinein.

Bouillabaisse
(Mittelmeerküste)

▶

Für 6 Personen:

3 kg Seefische (s. »Fischsuppe« S. 38), darunter
Langusten
4 EL Olivenöl
2 Stangen Porree
4 Tomaten
3 Zwiebeln
3 Knoblauchzehen
Petersilie
1 Lorbeerblatt
Salz, Pfeffer
1 Msp. Safran
in Öl gebratene feine Weißbrotscheiben

Dünsten Sie die feingehackten Gemüse in einer großen Kasserolle in heißem Olivenöl langsam weich. Die in Stücke geschnittenen Fische darüber verteilen, Wasser aufgießen und die gehackten Kräuter, Salz, Pfeffer und Safran dazugeben. Zwanzig Minuten lang kochen, die Fischstücke mit dem Schaumlöffel herausheben und auf einer vorgewärmten Platte anrichten. Die Brotscheiben in eine Suppenschüssel legen und die kochendheiße Brühe darübergießen. Die echte Marseiller Bouillabaisse gelingt Ihnen am besten, wenn Sie möglichst viele, doch keine fetten Fischsorten verwenden. Natürlich müssen die Fische ganz frisch sein – deshalb schmeckt die Bouillabaisse am Meer immer am besten.

Soupe à la lotte
Trüschensuppe

Für 4 Personen:

300 g Trüsche
2 Schalotten
2 feste Tomaten
Ein Hauch Safran
25 g Butter
1 Glas Weißwein
Salz, Pfeffer
Ein Thymianzweiglein
geröstete Weißbrotscheiben
Knoblauch
2 l Wasser

Die Trüsche waschen, entgräten und in kleine Stücke schneiden. Einen Topf mit zwei Liter Wasser füllen, das Sie mit Salz, Pfeffer, Thymian und Safran gewürzt haben. Gießen Sie den Wein dazu, zerdrücken Sie die überbrühten, geschälten Tomaten mit der Gabel und geben Sie sie mit den gehackten Schalotten und den Fischstücken in die Suppe. Das Ganze muß eine halbe bis eine dreiviertel Stunde kochen. Erst kurz vor dem Servieren wird die Butter dazugegeben.
Zu dieser leichten Suppe ißt man Brotscheiben, die man mit Knoblauch abgerieben hat.

Potage au potiron
Kürbissuppe

Für 6 Personen:

500 g Kürbis
Salz, Pfeffer
¾ Liter Milch
½ Liter Bouillon
100 g Sahne

Den grobgewürfelten Kürbis in leicht gepfeffertem Salzwasser weichkochen, abseihen und durch ein Sieb drücken. Das Kürbispürree wird in die kalte Bouillon, vermischt mit der Milch, eingerührt, zum Kochen gebracht, mit Salz und Pfeffer abgeschmeckt und vor dem Servieren mit Sahne verrührt.

Soupe aux légumes et à l'orge
Gemüsesuppe mit Gerste

Für 6 Personen:

4 Stangen Porree
4 Karotten
3 Schalotten
200 g Rindfleisch
100 g Gerste (Graupen)
Salz, Pfeffer
1 Lorbeerblatt
2 l Wasser

Das Gemüse wird geputzt, gewaschen und in kleine Stücke geschnitten, das Fleisch schneiden Sie in kleine Würfel und geben alles in einen Topf mit 2 Litern kochendem Wasser. Mit Salz und Pfeffer abschmekken und ein Lorbeerblatt dazulegen. Zugedeckt eine Stunde lang kochen lassen. Erst dann die Gerste hineinrühren und die Suppe noch einmal eine halbe Stunde lang kochen lassen.
Sie können auch einige Knochen, darunter ein Markbein, mitkochen lassen. das man natürlich vor dem Auftragen heraustischt. Das Knochenmark schmeckt köstlich, wenn Sie es auf eine Scheibe geröstetes Brot streichen und mit Salz und Pfeffer würzen.

Soupe aux moules
Muschelsuppe

Für 4 Personen:

2 kg Muscheln
½ l Weißwein
1 Karotte
2 Schalotten
Petersilie
Salz, Pfeffer
Sahne

Bürsten Sie die Muscheln unter fließendem Wasser gut ab und entbarten Sie sie. Offene Muscheln sind verdorben und müssen weggeworfen werden. Legen Sie also nur die geschlossenen in einen großen Topf und stellen Sie ihn 10 Minuten auf den heißen Herd, bis sich alle Muscheln geöffnet haben. Topf vom Feuer nehmen. Schalotten und Karotten putzen, ganz fein hacken und in einem anderen Topf in Butter sanft andünsten. Wenn die Schalotten glasig geworden sind, gießen Sie den Wein darüber und kochen das Gemüse darin weich. Das Muschelfleisch wird aus den Schalen gelöst und mit der feingehackten Petersilie zur Suppe gegeben. Einen halben Liter heißes Wasser dazugießen und die Suppe aufkochen. Mit Salz und Pfeffer abschmecken und kurz vor dem Servieren mit Sahne legieren.

Soupe à l'oignon
Zwiebelsuppe

Für 6 Personen:

6 Zwiebeln
50 g Butter
1 l Bouillon
Salz, Pfeffer
6 kleine Scheiben geröstetes Weißbrot
100 g geriebener Käse

Die Zwiebeln werden geschält, in dünne Scheiben geschnitten und sachte in Butter weich gedünstet. Gießen Sie die heiße Bouillon dazu und lassen Sie alles eine Viertelstunde kochen. Schmecken Sie mit Salz und Pfeffer ab. In eine feuerfeste Form oder in Portionsschälchen legen Sie die gerösteten Brotscheiben, füllen mit Zwiebelsuppe auf, bestreuen Sie dick mit geriebenem Käse und überbacken das Ganze im Ofen.

◄ Soupe à l'œuf
Eiersuppe

Für 6 Personen:

1 rote Paprikaschote
25 g Butter
2 Knoblauchzehen
1 l Hühnerbrühe
6 Eier
Salz
1 EL Essig
Petersilie

Die in feine Scheibchen geschnittene Paprikaschote wird in Butter gedämpft; nach zehn Minuten gibt man die kleingehackte Knoblauchzehe dazu und läßt sie noch fünf Minuten mitdünsten. Dann geben Sie Paprika und Knoblauch in einen Topf mit der Bouillon und kochen sie auf. Inzwischen werden die Eier pochiert und je eines davon in einen Suppenteller gelegt. Streuen Sie etwas gehackte Petersilie über jedes Ei und füllen Sie die Teller mit der Paprika-Bouillon auf.
Pochierte oder verlorene Eier: die Eier einzeln in eine Schöpfkelle schlagen und vorsichtig in siedendes Wasser, das leicht gesalzen und mit einem Schuß Essig gesäuert wurde, gleiten lassen. Nach drei bis vier Minuten mit der Schaumkelle herausheben, kurz in kaltem Wasser abschrecken und die Ränder rund schneiden.

Potage aux poireaux
Porreesuppe

Für 6 Personen:

4 Stangen Porree
1 Zwiebel
3 Kartoffeln
Salz, Pfeffer
Butter

Der Porree wird gewaschen, geputzt und in kleine Ringe geschnitten. Geben Sie ihn zusammen mit den geschälten, geviertelten Kartoffeln und Zwiebeln in einen Topf mit zwei Litern Wasser, in das Sie etwas Salz und Pfeffer gestreut haben. Lassen Sie die Suppe 45 Minuten kochen und passieren sie sie dann durch ein Sieb. Die nochmals aufgekochte Suppe wird mit einem tüchtigen Stück Butter verfeinert.
Wenn Sie das Gemüse nicht passieren wollen, müssen die Kartoffeln vor dem Kochen in kleine Würfel geschnitten und die Zwiebeln fein gehackt werden.

Potage à la tomate
Tomatensuppe

Für 6 Personen:

3 Zwiebeln
25 g Butter
6 Tomaten
2 Knoblauchzehen
Schnittlauch
Thymian, Lorbeer
Pfeffer. Salz

Dünsten Sie die gehackten Zwiebeln in Butter goldgelb und geben Sie die überbrühten, geschälten Tomaten, den zerdrückten Knoblauch, den gehackten Schnittlauch, Kräuter und Gewürze dazu. Füllen Sie mit zwei Litern Wasser auf und lassen Sie die Suppe eine halbe Stunde kochen. Vor dem Servieren durch ein Sieb passieren.

Soupe aux pois cassés
Erbsensuppe

Für 6 Personen:

200 g getrocknete Erbsen
150 g geräucherter Speck
25 g Butter
3 Zwiebeln
4 Karotten
1 Lorbeerblatt
Salz, Pfeffer
Sahne

Weichen Sie die Erbsen am Vorabend in Wasser ein.
Am andern Tag wird der Speck in kleine Würfel geschnitten und in Butter angebraten, ebenso die kleingeschnittenen Zwiebeln. Lassen Sie die Erbsen in
einem Sieb abtropfen und geben Sie sie mit den in
Scheibchen geschnittenen Karotten, dem Lorbeerblatt, einer Prise Salz und Pfeffer zum Speck. Mit
zwei Litern Wasser auffüllen und eineinhalb Stunden
kochen lassen. Durch ein Sieb streichen und vor dem
Auftragen etwas Sahne unterrühren.

Soupe aux champignons
Champignonsuppe

Für 6 Personen:

Thymian, Lorbeer
Salz, Pfeffer
50 g Butter
200 g frische Champignons
etwas Selleriekraut
5 Karotten
2 Zwiebeln
2 weiße Rüben
Hühnerknochen

Lassen Sie die Butter in einem Topf zergehen und
dünsten Sie die kleingeschnittenen Gemüse darin an.
Wenn die Zwiebeln goldgelb sind, gießen Sie eineinhalb Liter kaltes Wasser darüber und geben die Hühnerknochen, Salz, Pfeffer, Thymian und Lorbeer dazu.
Auf mittlerer Flamme eine Dreiviertelstunde kochen
lassen, die geputzten, feinblättrig geschnittenen Champignons dazugeben und weitere zehn Minuten auf dem
Feuer ziehen lassen.

Potée auvergnate
Gemüseeintopf mit Speck (Auvergne)

Für 6 Personen:

1 mittelgroßer Kohlkopf
500 g geräucherter Brustspeck
6 Karotten
3 Zwiebeln
3 weiße Rüben
6 Kartoffeln
Salz, Pfeffer

Waschen Sie den Kohl, zerteilen Sie ihn nach Belieben und blanchieren Sie ihn zehn Minuten in kochendem Wasser. Einen großen Topf füllen Sie mit drei Litern Wasser und geben den Speck dazu. Eine Stunde kochen lassen und den Schaum abschöpfen. Dann werden alle Gemüse, außer den Kartoffeln, ganz oder zerkleinert sowie etwas Salz und Pfeffer hinzugefügt. Kochen Sie die Suppe noch einmal zwei Stunden, geben Sie dann die geschälten, grob gewürfelten Kartoffeln hinein und lassen den Topf auf dem Feuer, bis die Kartoffeln gar sind.

Soupe au chou-fleur
Blumenkohlsuppe

Für 6 Personen:

1 Blumenkohl
50 g frische Sahne
1 EL Kümmel
2 Eigelb
Salz, Pfeffer
Petersilie

Blanchieren Sie den zerteilten Blumenkohl eine halbe Stunde in kochendem Wasser, nehmen Sie ihn heraus und lassen ihn abtropfen. Dann wird er in zwei Litern siedendem Salzwasser, dem man etwas Pfeffer und den Kümmel beigefügt hat, eine weitere halbe Stunde gekocht. Nun streichen Sie den Blumenkohl mit der Brühe durch ein Sieb. Kurz vor dem Anrichten erst werden Sahne und Eigelb unter die heiße Suppe gerührt. Nicht mehr aufkochen! Streuen Sie etwas Petersilie über die Suppe und reichen Sie in Butter geröstete Brotscheiben dazu.

◄ Soupe aux haricots et aux choux
Bohnen-Kohl-Suppe

Für 6 Personen:

200 g weiße Bohnen
1 Weißkohl
2 Zwiebeln
2 Karotten
2 Lorbeerblätter
Salz, Pfeffer
100 g geräucherter Speck
Käse
3 l Wasser
Reibkäse

Die Bohnen werden am Vorabend in lauwarmem Wasser eingeweicht. Den Kohl blanchieren Sie 15 Minuten lang in kochendem Wasser und lassen ihn dann in einem Sieb abtropfen. Geben Sie ihn mit den Bohnen, den zerkleinerten Karotten, Salz, Pfeffer und dem Lorbeer in einen Topf und füllen Sie mit drei Litern Wasser auf. Eineinhalb Stunden lang kochen lassen. Der Kohl muß vor dem Servieren grob gehackt werden. Jeder Gast streut sich etwas geriebenen Käse und geröstete Speckwürfelchen in seinen Teller. Eine besonders köstliche, kräftige Winter-Suppe!

Soupe au lait
Milchsuppe

Für 6 Personen:

1 l Milch
1 l Hühnerbrühe
2 Knoblauchzehen
6 Brotscheiben

Lassen Sie die Brühe zehn Minuten lang mit den zerdrückten Knoblauchzehen zusammen kochen. Dann wird die Milch dazugegossen und erhitzt, sie darf aber nicht mehr kochen. Die Brotscheiben werden gegrillt und in die Suppenschüssel gelegt; die Milchsuppe darübergießen und servieren.

Potage au cresson
Kressesuppe

Für 6 Personen:

1 großer Bund Kresse
3 Kartoffeln
Salz, Pfeffer
6 EL Sahne

Putzen und waschen Sie die Kresse gründlich. Schälen Sie die Kartoffeln und geben Sie sie, in Stücke geschnitten, in einen Topf mit zwei Litern Wasser; fügen Sie Salz, Pfeffer und zwei Drittel der Kresse hinzu. Kochen Sie das Ganze so lange, bis die Kartoffeln gar sind. Erst jetzt kommt der Rest Kresse dazu. Nehmen Sie den Topf vom Feuer und passieren Sie die Suppe durch den Gemüsewolf. Geben Sie in jeden Teller Suppe einen Eßlöffel Sahne.

Les légumes - Gemüse

◄ Chou rouge aux pommes
Rotkohl mit Äpfeln

Für 6 Personen:

2 EL Schweineschmalz
1 Zwiebel
1 Kopf Rotkohl
1 Glas Rotwein
6 Äpfel
Salz, Pfeffer
Lorbeerblätter

Lassen Sie das Schweineschmalz in einem Topf zergehen und dünsten Sie die kleingehackte Zwiebel, bis sie goldgelb ist. Inzwischen wird der Rotkohl gewaschen, grob geschnitten und zu den Zwiebeln gegeben. Gießen Sie den Rotwein darüber und fügen Sie zwei geschälte, entkernte, kleingeschnittene Äpfel dazu. Streuen Sie reichlich Salz und Pfeffer über das Gemüse und lassen Sie es eineinhalb Stunden zugedeckt auf kleiner Flamme schmoren. Das Kraut darf nicht am Topfboden festkleben. Gießen Sie, wenn nötig, etwas Wein nach. Nun werden die restlichen Äpfel geschält und geviertelt, dazugegeben und noch eine Viertelstunde mitgekocht. Servieren Sie das Rotkraut zu gegrillten Würstchen, Schweinekoteletts oder Schweinebraten.

Cèpes à la provençale
Steinpilze auf provenzalische Art

Für 6 Personen:

1,5 kg Steinpilze
2 Tomaten
1 Schalotte
2 Knoblauchzehen
gehackte Petersilie
Thymian
50 g Butter
3 EL Öl
Salz, Pfeffer

Putzen Sie die Steinpilze (sie sollen aber nicht gewaschen werden!), die Köpfe ganz lassen, den Stiel klein schneiden. Dünsten Sie die Pilze, zusammen mit der fein gehackten Schalotte und den geschälten, zerdrückten Tomaten in einer Mischung aus Butter und Öl etwa eine Viertelstunde. Würzen Sie mit etwas Salz und Pfeffer. Sobald die Steinpilze gar sind, rühren Sie die fein gehackten Kräuter und Knoblauchzehen darunter. Sofort mit Weißbrot auftragen.

Tarte aux tomates
Tomatenkuchen

Für 6 Personen:

400 g Mürbteig (Rezept S. 10)
1 kg feste Tomaten
3 Eier
1 EL Mehl
50 g Sahne
Salz, Pfeffer
Thymian

Eine gut gebutterte Springform wird mit dem Mürbteig ausgekleidet. Tauchen Sie die Tomaten kurz in kochendes Wasser und ziehen Sie dann die Haut ab. Die Tomaten werden durchgeschnitten und die Hälften auf dem Teig verteilt. Eier, Mehl und Sahne werden gut miteinander verquirlt, mit Salz, Pfeffer und dem zerriebenen Thymian gewürzt. Gießen Sie diese Creme über die Tomaten und backen Sie den Kuchen bei 200–225° dreißig bis vierzig Minuten im Ofen. Dieses delikate, köstlich duftende Gericht können Sie lauwarm oder kalt servieren. (Wenn Sie keine frischen Tomaten haben, tun es auch geschälte Tomaten aus der Dose. Man muß sie allerdings gründlich abtropfen lassen.)

Poireaux au jambon
Überbackener Porree

Für 4 Personen:

1½ kg Porree
200 g gekochter Schinken in Scheiben
100 g Gruyère
⅓ l Béchamelsauce
Muskatnuß
Salz, Pfeffer
Butter

Porree waschen und putzen und im ganzen in Salzwasser weich kochen. Inzwischen rühren Sie etwas Pfeffer und eine halbe geriebene Muskatnuß unter die Béchamelsauce. Der gekochte Porree wird in einer gebutterten Auflaufform verteilt, darüber gießen Sie die Béchamelsauce, in die Sie den grob gewürfelten Schinken gegeben haben. Der Porree muß ganz damit bedeckt sein. Streuen Sie den geriebenen Gruyère darüber, verteilen Sie ein paar Butterflöckchen darauf und überbacken Sie das Ganze im Ofen. Dieses Gericht wird noch gehaltvoller, wenn Sie frische Sahne unter die Béchamelsauce rühren.

Lentilles aux saucisses
Linsen mit Wurst

Für 6 Personen:

500 g Linsen
3 Zwiebeln
6 Karotten
Salz, Pfeffer
Lorbeerblätter
100 g Speck
3 kräftige geräucherte Würste (ca. 750 g)

Waschen Sie die Linsen und geben Sie sie mit den geschälten, grob geschnittenen Karotten und Zwiebeln sowie dem Speck, Salz, Pfeffer und 2 Lorbeerblättern in einen Topf. Mit Wasser bedecken und zugedeckt auf kleiner Flamme eineinhalb Stunden kochen lassen. Die Würste eine Viertelstunde in kochendem Wasser ziehen lassen und auf den Linsen anrichten.
Anstelle der Würste können Sie die Linsen auch mit gepökeltem Schweinefleisch zubereiten, das sie wässern und mit den Linsen zusammen kochen (in diesem Fall kein Salz zugeben), oder mit einer Schweinshaxe oder Würstchen, die Sie dazu reichen.

Der passende Wein: ein roter Burgunder.

Purée de pois cassés aux saucisses
Erbsenpüree mit Bratwürsten

Für 6 Personen:

1 kg getrocknete Erbsen
3 Karotten
1 Zwiebel
1 Stange Sellerie
Salz und Pfeffer
1 geräucherte Wurst
3 Bratwürste

Weichen Sie die Erbsen am Vorabend ein. Am nächsten Tag werden Karotten und Zwiebeln gewaschen, geputzt und mit den Erbsen, dem Sellerie, Salz und Pfeffer in einen Topf gegeben und mit Wasser aufgefüllt. Eine Stunde lang kochen lassen, dann die geräucherte Wurst dazugeben. Die Bratwürste kurz vor dem Anrichten in der Pfanne braten. Die Karotten entfernen, aus Erbsen, Zwiebel und Sellerie ein Püree bereiten und zusammen mit den Würsten anrichten.

Der passende Wein: Côtes-du-Rhône, Corbières (Midi).

Chou-fleur à la crème
Blumenkohl mit Sahnesauce

Für 6 Personen:

1 großer Blumenkohl
3 Eier
¼ l Sahne
Muskatnuß
Salz, Pfeffer
Brotwürfelchen (Croûtons)

Waschen und putzen Sie einen schönen, großen Blumenkohl und kochen Sie ihn in viel Salzwasser. Die drei Eier werden hartgekocht und geschält, die Brotwürfelchen in heißem Öl goldgelb geröstet. Den gut abgetropften Blumenkohl auf einer vorgewärmten Platte anrichten, mit Eiervierteln verzieren und mit der erwärmten (nicht gekochten) Sahne übergießen, die Sie zuvor mit Salz, Pfeffer und geriebener Muskatnuß gewürzt haben. Mit den Croûtons servieren.
Köstlich schmeckt dieses Gericht mit schönem, ganz frischem Blumenkohl.

Ragoût d'aubergines
Auberginenragout

Für 6 Personen:

200 g Speck
1,5 kg Auberginen
8 Knoblauchzehen
Salz, Pfeffer
1 Handvoll Petersilie
2 Glas Rotwein

Bedecken Sie den Boden eines Kochtopfes mit Speckscheiben und legen Sie die halbierten, ungeschälten Auberginen darauf. Knoblauch, gehackte Petersilie, Salz und Pfeffer dazugeben und mit Rotwein übergießen. Zugedeckt eine Stunde lang dünsten lassen.

Choucroute
Sauerkraut (Elsaß)

Für 6 Personen:

1,5 kg Sauerkraut
150 g Speckschwarte
250 g magerer Speck
1 geräucherte Schweinshaxe
1 dicke geräucherte Wurst
1 Karotte
1 Zwiebel
Pfeffer
Wacholderbeeren
1 Flasche Weißwein
50 g Gänsefett
6 Straßburger Würstchen

Besorgen Sie sich rohes Sauerkraut, waschen und drücken Sie es aus. Auf den Boden eines Kochtopfs legen Sie Speckschwarten, darauf geben Sie eine Schicht Sauerkraut, dann den mageren Speck, die Schweinshaxe, die geräucherte Wurst, die Karotte und die Zwiebel. Streuen Sie Pfeffer- und Wacholderbeeren darüber, begießen Sie alles mit dem Weißwein und verteilen Sie das Gänsefett obenauf. Zugedeckt im Backofen drei bis vier Stunden kochen lassen. Zum Schluß geben Sie die Straßburger Würstchen ins Kraut. Man ißt Salzkartoffeln dazu. Den Schinken können Sie durch anderes Fleisch ersetzen, zum Beispiel Gänse- oder Entenfleisch, oder Sie servieren gegrillte Schweinekoteletts zum Kraut.

Das passende Getränk: Riesling, Sylvaner oder helles Bier.

Papeton de poivrons
Paprika-Pfanne (Provence)

Für 6 Personen:

1 kg Paprikaschoten
6 Eier
⅕ l Sahne
Salz, Pfeffer
1 Knoblauchzehe
Butter

Waschen Sie die Paprikaschoten, schneiden Sie sie der Länge nach in vier Teile und entfernen Sie alle Kerne. Legen Sie die Schoten für eine Viertelstunde in kochendes Salzwasser. Inzwischen wird eine Auflaufform dick mit Butter ausgestrichen und die Eier werden mit Sahne, zerdrücktem Knoblauch, Salz und Pfeffer verquirlt. Die Form mit den Paprikaschoten füllen und die verquirlten Eier darübergießen. Im Backofen bei mittlerer Hitze eine Stunde lang überbacken, aus der Form stürzen und heiß servieren.

Der passende Wein: Rosé de Provence.

Chou rouge aux marrons et au lard
Rotkohl mit Maronen und Speck

Für 6 Personen:

1 Rotkohl
1 kg Maronen
1 Speckschwarte
1 EL Essig
1 Apfel
Salz, Pfeffer
250 g geräucherter Speck

Waschen Sie den Rotkohl und schneiden Sie ihn in große Stücke. Tauchen Sie die geschälten Kastanien in heißes Wasser und ziehen Sie die braunen Häutchen ab. Auf den Boden eines Topfes legen Sie Speckscheiben, darauf verteilt Rotkohl und Kastanien, vermischt mit Apfelwürfelchen. Gießen Sie ein Glas Wasser und den Essig darüber, würzen Sie mit Salz und Pfeffer und lassen Sie alles zugedeckt eineinhalb Stunden lang kochen. Vor dem Anrichten den in feine Scheiben geschnittenen, gebratenen Räucherspeck dazugeben.
Dieses Rotkraut schmeckt herrlich zu Gänse- oder Putenbraten.

Haricots rouges au lard et saucisses
Bohnen mit Speck und Würstchen

Für 6 Personen:

1 kg rote Bohnen
1 Karotte
3 Zwiebeln
300 g geräucherter Speck
2 Lorbeerblätter
Salz, Pfeffer
6 Knackwürste (Regensburger)

Weichen Sie am Vorabend die roten Bohnen ein. Am nächsten Tag werden die Karotte und die Zwiebeln kleingeschnitten und mit den Bohnen, dem Speck, Lorbeerblättern, etwas Salz und Pfeffer in einen Topf gegeben, und mit Wasser aufgefüllt, so daß das Gemüse bedeckt ist. Nach eineinhalb Stunden Kochzeit geben Sie die Würste dazu und lassen das Ganze noch eine halbe Stunde lang kochen.
Das Gericht wird in dem Topf aufgetragen, in dem Sie es zubereitet haben.

Der passende Wein: roter Burgunder.

Endives au jambon
Überbackener Chicorée

Für 6 Personen:

6 große Chicoréestangen
6 Scheiben gekochter Schinken
Butter für die Form
Salz, Pfeffer
¼ l Sahne

Der Chicorée wird eine Viertelstunde lang in kochendem Salzwasser blanchiert und in ein Sieb zum Abtropfen gelegt. Dann rollen Sie jede Stange in eine Scheibe Schinken und legen sie nebeneinander in eine gebutterte Auflaufform. Streuen Sie etwas Salz und Pfeffer darüber und gießen Sie die Sahne dazu. Bei starker Hitze eine Viertelstunde im Ofen überbacken.

Navets au gratin
Weiße Rüben mit Käse überbacken

Für 4 Personen:

600 g weiße Rübchen
¼ l Béchamelsauce
⅕ l Sahne
Muskatnuß
Salz, Pfeffer
50 g Butter
50 g Gruyère

Waschen und putzen Sie die Rüben und kochen Sie sie eine halbe Stunde in Salzwasser. Inzwischen bereiten Sie eine Béchamelsauce, die Sie mit etwas geriebener Muskatnuß, Salz und Pfeffer würzen und mit Sahne verrühren. Die Rüben werden aus dem Kochwasser genommen, in ein Sieb zum Abtropfen gelegt und dann in eine gebutterte Auflaufform verteilt. Bedecken Sie die Rüben mit der Béchamelsauce, streuen Sie geriebenen Käse und verteilen Sie ein paar Butterflöckchen über das Ganze. Schieben Sie die Form in den Backofen. Wenn der Käse eine goldbraune Kruste hat, ist das Gericht fertig; Sie werden merken, daß die weißen Rüben zu Unrecht so selten gegessen werden: sie schmecken sehr gut und sind zudem nicht teuer.

Navets au jus
Weiße Rübchen in Bratensaft

Für 6 Personen:

600 g junge weiße Rübchen
100 g Butter
Salz, Pfeffer
1 Tasse Bratensaft

Verwenden Sie kleine, junge Rübchen, die Sie waschen, putzen und in heißer Butter vorsichtig anbräunen. Geben Sie etwas Salz, Pfeffer und etwas heißes Wasser darüber und gießen Sie nach einer guten halben Stunde Kochzeit die Fleischbrühe dazu. Nach weiteren fünf Minuten sind die Rübchen fertig; servieren Sie sie als Beigabe zu einem Braten.

Pommes sarladaises
Bratkartoffeln mit Trüffeln

Für 6 Personen:

1 kg Kartoffeln
4 Eßlöffel Gänsefett
Salz und Pfeffer
200 g Trüffeln

Die Kartoffeln werden geschält und in feine Scheiben geschnitten. In einer Pfanne läßt man das Gänsefett zergehen und brät darin die Kartoffeln, die man mit etwas Salz und Pfeffer überstreut hat, unter behutsamem Wenden. Wenn die Kartoffeln schon eine leichte Kruste haben, fügt man die blättrig geschnittenen Trüffeln hinzu und läßt sie noch ein paar Minuten mitbräunen.

Courgettes à la provençale
Zucchini auf provenzalische Art

Für 6 Personen:

6 Zucchini
Olivenöl
6 Tomaten
Salz, Pfeffer
3 Knoblauchzehen
Petersilie

Schälen Sie die Zucchini und schmoren Sie sie in einem Topf mit Öl. Geben Sie die geschälten halbierten Tomaten dazu, wenn die Zucchini fast gar sind. Salzen, pfeffern und wenden, ohne die Tomaten zu sehr zu zerdrücken. Über das fertige Gemüse streuen Sie feingehackten Knoblauch und Petersilie.

Der passende Wein: Rosé de Provençe, Vin de Cassis.

Épinards à la crème
Rahmspinat

Für 4 Personen:

1,5 kg Spinat
50 g Butter
Muskatnuß
Salz
¼ l Rahm
Croûtons

Spinat putzen und waschen und zehn Minuten in kochendes Salzwasser legen. Dann in einem Sieb abtropfen lassen und mit dem Wiegemesser kleinhacken oder durch den Gemüsewolf passieren. Geben Sie den Spinat in einen Topf mit Butter und lassen Sie ihn zehn Minuten kochen, damit der überflüssige Saft verdampft. Salzen, mit geriebener Muskatnuß würzen und den Rahm erst kurz vor dem Anrichten darunterrühren. Sie können geröstete Brotwürfelchen dazu reichen.

Cèpes à la persillade
Steinpilze mit Petersilie

Für 6 Personen:

1 kg Steinpilze
50 g Butter
2 EL Öl
4 Knoblauchzehen
Salz, Pfeffer
1 Tasse feingehackte Petersilie und Schnittlauch

Die Steinpilze werden gewaschen, geputzt, kleingeschnitten und gut abgetrocknet. Geben Sie Butter
und Öl in einen Topf und lassen Sie die Steinpilze
darin eine halbe Stunde schmoren. Nun kommt der
kleingehackte Knoblauch dazu, die Pilze werden noch
zehn Minuten geschmort und dann mit Salz, Pfeffer
und den feingewiegten Kräutern verrührt. Fünf Minuten ziehen lassen und servieren.

Haricots paysanne
Bohnen nach Bäuerinnenart

Für 6 Personen:

100 g Butter
3 Knoblauchzehen
2 Zwiebeln
5 Karotten
2 weiße Rüben
4 Tomaten
150 g Knochenschinken
4 Kartoffeln
1 kg frische weiße Bohnen
Salz, Pfeffer
Thymian, Lorbeerblatt

Lassen Sie die Butter in einem gußeisernen Topf zergehen. Bräunen Sie darin den kleingehackten Knoblauch und die Zwiebeln, die in Scheiben geschnittenen
Karotten und Rüben. Fügen Sie die geschälten, zerdrückten Tomaten hinzu, den in Würfelchen geschnittenen Schinken, die geschälten, in Würfel geschnittenen Kartoffeln und die Bohnen. Würzen Sie
mit Salz und Pfeffer, streuen Sie Thymian darüber und
legen Sie ein Lorbeerblatt dazu. Nachdem Sie ein
Glas Wasser dazugegossen haben, den Topf gut zudecken und das Gemüse eine Dreiviertelstunde gar
dämpfen lassen.

Aubergines frites
Gebratene Auberginen

Für 6 Personen:

4 Auberginen
1 Glas Öl
2 Zwiebeln
2 Knoblauchzehen
Schnittlauch
Salz, Pfeffer

Erhitzen Sie das Öl in einer Pfanne und braten Sie darin die in Scheiben geschnittenen Auberginen goldbraun. Nehmen Sie die Auberginen heraus und stellen Sie sie warm. Nun werden die in Ringe geschnittenen Zwiebeln im Öl rösch gebraten. Richten Sie die Auberginen auf einer vorgewärmten Platte an, bestreuen Sie sie mit den feingehackten Knoblauchzehen und dem Schnittlauch, würzen Sie mit Salz und Pfeffer und garnieren Sie die Platte mit Zwiebelringen.

Chou rouge aux saucisses
Rotkohl mit Würstchen

Für 6 Personen:

2 kleine Zwiebeln
2 EL Gänsefett
1 Kopf Rotkohl
2 Kochäpfel
Salz, Pfeffer
½ Flasche Rotwein
½ kg Dampfwürstchen

Dünsten Sie die feingehackten Zwiebeln in zerlassenem Gänsefett an. Inzwischen wird der Rotkohl gewaschen, grob geraspelt und dann zu den Zwiebeln gegeben. Nach einer Viertelstunde kommen die in Viertel geschnittenen, geschälten Äpfel, Salz, Pfeffer und der Rotwein in den Topf. Lassen Sie das Rotkraut zugedeckt vierzig Minuten lang auf kleiner Flamme schmoren. Die Würstchen werden separat in kochendem Wasser erwärmt und auf dem fertigen Rotkraut angerichtet.

Risotto

Für 6 Personen:

½ Glas Öl
2 Paprikaschoten
2 Zwiebeln
200 g geräucherter magerer Speck
500 g Reis
Salz, Pfeffer
Thymian
frischer Fenchel
½–¾ l Bouillon
100 g Oliven

Erhitzen Sie das Öl in einem gußeisernen Topf und lassen Sie die in Streifen geschnittenen, entkernten Paprikaschoten und die kleingehackten Zwiebeln darin anbräunen. Fügen Sie den kleingeschnittenen Speck hinzu und zuletzt den Reis, den Sie glasig dünsten. Nun würzen Sie mit Salz, Pfeffer, gehacktem Fenchel und zerriebenem Thymian und gießen mit der Bouillon auf. Lassen Sie alles auf kleiner Flamme kochen, bis der Reis die Flüssigkeit ganz aufgesogen hat. Die Oliven werden zum Schluß dazugegeben.

Tomates farcies aux champignons
Tomaten mit Champignonfüllung

Für 6 Personen:

6 große Tomaten
Butter für die Form
½ l dicke Béchamelsauce
1 Eigelb
Salz, Pfeffer
50 g Käse
150 g kleine Champignons
100 g Schinken
Petersilie

Schneiden Sie den Tomaten einen Deckel ab und höhlen Sie sie behutsam mit einem Löffelchen aus. Stellen Sie die Tomaten in eine gebutterte Auflaufform, bereiten Sie eine dicke Béchamelsauce, die, mit dem Eigelb legiert, mit Salz und Pfeffer abgeschmeckt, und mit dem geriebenen Käse, den Champignons und dem würfelig geschnittenen Schinken verrührt, in die Tomaten gefüllt wird. Das Ganze wird rasch im Ofen überbacken und vor dem Servieren mit Petersilien-Sträußchen verziert.

Tomates farcies charcutière
Gefüllte Tomaten Metzgerin-Art

Für 6 Personen:

6 Tomaten
200 g Wurstbrät
100 g Semmelbrösel
2 Eier
Petersilie
Salz, Pfeffer
50 g Butter

Schneiden Sie jeder Tomate einen Deckel ab und höhlen Sie sie behutsam aus. Mischen Sie Wurstbrät, Semmelbrösel, Eier und gehackte Petersilie mit Salz und Pfeffer und füllen Sie diese Farce in die Tomaten, nachdem Sie in jede eine Prise Salz gestreut haben. Die Tomaten werden, jede mit einem Butterflöckchen versehen, eine halbe Stunde im Ofen bei mittlerer Hitze überbacken.

Der passende Wein: Beaujolais.

Aubergines farcies
Gefüllte Auberginen

Für 6 Personen:

3 Auberginen
Petersilie
Schnittlauch
Majoran
3 kleine grüne Zwiebeln
3 Eier
3 EL Sahne
Salz, Pfeffer
Butter für die Bratform

Waschen Sie die Auberginen und lassen Sie sie 10 Minuten in kochendem Wasser ziehen. Danach werden sie zum Abtropfen in ein Sieb gelegt und der Länge nach geteilt. Höhlen Sie die Hälften leicht aus, und mischen Sie das zerkleinerte Auberginenfleisch mit den gehackten Kräutern und den feingewiegten Zwiebeln. Darunter werden verquirlte Eier, Sahne, Salz und Pfeffer gerührt. Dann werden die Auberginenhälften mit etwas Salz und Pfeffer ausgerieben und mit der Farce gefüllt. Legen Sie die gefüllten Auberginenhälften in eine gebutterte Bratform und überbacken Sie sie eine halbe Stunde bei mittlerer Hitze im Ofen. Wenn Sie etwas Füllung übrig haben, verteilen Sie sie vor dem Überbacken um die Auberginen. Das Gericht wird warm gegessen.

Pommes de terre frites

Für 6 Personen:

2 kg Kartoffeln
Fritieröl
Salz

Die Kartoffeln werden geschält und mit einem Handtuch gut abgetrocknet. Dann schneidet man sie der Länge nach in 1 cm dicke Stäbchen. Das Öl wird in einem hohen Fritiertopf erhitzt, die Kartoffelstäbchen nach und nach hineingelegt und mit einem Schaumlöffel herausgehoben, sobald sie knusprig goldbraun sind. Gesalzen wird erst nach dem Ausbacken. Es ist schlecht, Pommes frites immer wieder in demselben Öl zu backen. Am besten wäre es, jedesmal frisches zu verwenden. Wenn das zu teuer ist, empfiehlt es sich, das abgekühlte Öl durch ein feines Tuch zu gießen und wieder zu verwenden.

Purée de pommes de terre
Kartoffelpüree

Für 6 Personen:

2 kg Kartoffeln
½ l Milch
50 g Butter
Salz

Schälen Sie die Kartoffeln und schneiden Sie sie in Viertel. Dann werden sie in einen Topf mit kaltem Salzwasser gargekocht. Gießen Sie das Kochwasser ab und pressen Sie die Kartoffeln mit einem Holzlöffel durch ein Sieb. Nun stellen Sie den Topf wieder auf den Herd und gießen unter Rühren nach und nach die Milch dazu. Vor dem Anrichten rühren Sie die Butter unter; Salz nur zugeben, wenn es nötig ist. Das Kartoffelpüree soll ziemlich fest sein, besonders, wenn man es zu Fleisch mit Sauce reicht. Auch die Wahl der Kartoffelsorte ist wichtig. Die Kartoffeln sollen mehlig sein, dürfen beim Kochen weder zerfallen noch zu viel Kochwasser aufnehmen. Verlängern Sie das Püree auf keinen Fall mit dem Kochwasser.

Couronne de pommes de terre
Kartoffelkranz ▶

Für 6 Personen:

2 kg Kartoffeln
250 g Zwiebeln
1 Knoblauchzehe
Salz, Pfeffer
50 g Butter
Paprika
¼ l Sahne
Mehl

Die Kartoffeln werden geschält und grob gerieben, die Zwiebeln geschält, Zwiebeln und Knoblauch kleingehackt und mit den Kartoffeln und dem Mehl verknetet. Würzen Sie die Masse mit Salz und Pfeffer, buttern Sie eine große Kranzform und füllen Sie die Kartoffelmasse hinein. Darauf werden kleine Butterflöckchen verteilt, dann wird die Form in den vorgeheizten Backofen geschoben und der Auflauf bei starker Hitze eine Stunde gebacken. Servieren Sie ihn mit frischer Sahne. die Sie mit Paprika gewürzt haben.

Pommes de terre lyonnaises
Kartoffeln nach Lyoner Art

Für 6 Personen:

1,5 kg gekochte Kartoffeln
3 Zwiebeln
Salz, Pfeffer
6 EL Öl
Petersilie

Schälen Sie die Kartoffeln, schneiden Sie sie in Scheiben; schälen Sie ebenfalls die Zwiebeln und hacken Sie sie fein. In einer Pfanne wird das Öl erhitzt, Kartoffeln und Zwiebeln werden dazugegeben und unter gelegentlichem Rühren gargebraten. Wenn die Kartoffeln eine goldgelbe Kruste haben, werden sie mit Salz und Pfeffer gewürzt; vor dem Servieren streuen Sie feingehackte Petersilie darüber.

Haricots à la tomate
Bohnen-Tomaten-Gemüse

Für 5 Personen:

1 kg frische Bohnen
4 Tomaten
1 Zwiebel
1 Knoblauchzehe
Salz, Pfeffer
3 EL Gänsefett
50 g Gruyère

Kochen Sie die Bohnen in Salzwasser und nehmen Sie sie heraus, wenn sie fast gar, aber noch etwas fest sind. Nachdem Sie die Bohnen auf einem Sieb haben abtropfen lassen, mischen Sie die zerdrückten, geschälten Tomaten und die feingehackte Zwiebel darunter. Würzen Sie mit zerdrückter Knoblauchzehe, Salz und Pfeffer nach Geschmack. Vermischen Sie alles gut mit dem Gänsefett und füllen Sie die Mischung in eine Auflaufform. Mit geriebenem Gruyère bestreut, läßt man das Gemüse bei starker Hitze eine halbe Stunde lang im Ofen überbacken.

Couronne de légumes en gelée
Gemüsekranz in Aspik

Für 6 Personen:

Je etwa ½ kg Karotten, grüne Bohnen und Erbsen
1 Staudensellerie
250 g weiße Rübchen
Salz
250 g Reis
100 g Schinken
400 g Gelee
Cornichons

Kochen Sie die Gemüse in Salzwasser gar, ohne daß sie zerfallen. In einem anderen Topf wird der Reis gekocht; Schinken und Gemüse werden in kleine Würfel geschnitten, vermischt und mit Salz gewürzt. Füllen Sie diese Mischung in eine Kranzform und gießen Sie das geschmolzene Gelee darüber. Im Kühlschrank erkalten lassen, vor dem Anrichten aus der Form stürzen und mit Cornichons garnieren. Dieses Rezept gelingt nur, wenn Sie frisches Frühjahrsgemüse, die sogenannten Primeurs, und ein ausgezeichnetes Gelee verwenden. Konserven eignen sich nicht: das Gericht muß nach köstlich frischem, nicht zu lange gekochtem Gemüse schmecken.

Artichauds aux pointes d'asperges
Artischockenböden mit Spargelspitzen

Für 8 Personen:

8 Artischockenböden
3 Eier
250 g Spargelspitzen
Salz, Pfeffer, Petersilie
1 Eigelb
Öl
1 EL Sahne

Garen Sie die Artischocken eine halbe bis eine Dreiviertelstunde in kochendem Salzwasser und schneiden Sie dann Blätter und Stielansätze ab. (Wenn Sie keine frischen Artischocken haben, können Sie zwar auch Artischockenböden aus der Dose verwenden; das Gericht verliert aber viel von seinem köstlichen Geschmack.) Während die Artischockenböden abkühlen, kochen Sie drei Eier hart, schälen sie und hacken sie fein. Die Spargelspitzen werden gekocht, in ein Sieb zum Abtropfen gelegt und die schönsten Spitzen beiseitegelegt. Die restlichen hackt man ebenfalls fein und vermengt sie mit den Eiern, Salz, Pfeffer und etwas feingewiegter Petersilie. Nun bereiten Sie aus etwas Öl und Eigelb, einer Prise Salz und Sahne eine Mayonnaise und verrühren vorsichtig die Hälfte mit der Spargelspitzenmischung und füllen damit die Artischockenböden. Über jede Artischocke gießen Sie noch etwas von der verbliebenen Mayonnaise und verzieren sie mit den aufgehobenen Spargelspitzen. Artischocken und Spargel können am Vorabend gekocht werden; die Vorspeise wird dann vor der Mahlzeit rasch fertig zubereitet.

Soufflé aux champignons
Champignon-Soufflé

Für 6 Personen:

200 g Champignons
50 g Butter
5 EL Mehl
½ l Milch
Salz und Pfeffer
50 g Käse
5 Eier

Die Champignons werden gewaschen, geputzt und mit dem Messer kleingeschnitten. Aus Butter, Milch, Mehl und je einer Prise Salz und Pfeffer wird eine Béchamelsauce bereitet, die man mit dem geriebenen Käse verrührt. Trennen Sie die Eier, geben Sie die Eigelb zur Béchamelsauce, während Sie das Eiweiß zu Schnee schlagen. Nun werden zuerst die Champignons in die Sauce gerührt und dann der Eischnee vorsichtig untergehoben. Geben Sie diese Masse in eine gebutterte Auflaufform und backen Sie das Soufflé bei mittlerer Hitze etwa eine Dreiviertelstunde.
Anstelle von Käse können Sie verriebenen Thymian in den Auflauf geben.

Tourte aux champignons
Champignonkuchen

Für 6 Personen:

500 g Mürbteig (Rezept S.10)
500 g Champignons
3 EL Butter
250 g geräucherter Speck
Salz, Pfeffer
1 EL Mehl
200 g Schinken
2 Eier
3 EL Sahne
1 Eigelb zum Bestreichen

Bereiten Sie einen Mürbteig und kleiden Sie eine gebutterte Form damit aus (einen Teil des Teigs für den Deckel zurückbehalten.) Die Champignons waschen und putzen Sie; der Speck wird in Würfel geschnitten und in einer Pfanne mit Butter angebräunt. Wenn ein Teil des Specks zu Fett zergangen ist, geben Sie die Champignons dazu, würzen mit Salz und Pfeffer und lassen sie gar dünsten. Nehmen Sie die Pfanne vom Feuer und stäuben Sie unter heftigem Rühren Mehl über die Champignons. Dann werden die Schinkenwürfel und die mit Sahne verquirlten Eier dazugegeben und die Masse in die mit Teig ausgekleidete Form gegossen. Decken Sie einen Teigdeckel darüber, der mit einer Abzugsöffnung versehen sein muß und bestreichen Sie ihn mit Eigelb. Bei mittlerer Temperatur eine Stunde lang im Ofen backen und heiß servieren.

Der passende Wein: roter Bordeaux oder Burgunder.

Chou farci
Gefüllter Kohl

Für 6 Personen:

1 großer Kohlkopf
250 g Wurstbrät
200 g Schinken
1 Zwiebel
50 g Butter
Salz, Pfeffer
Thymian, Lorbeerblatt
Knoblauch
Speckschwarte
1 Glas Weißwein

Waschen Sie den Kohl in viel kaltem Wasser und
tauchen Sie ihn für zehn Minuten in kochendes Salzwasser. Dann wird er zum Abtropfen in ein Sieb gelegt und Blatt für Blatt geöffnet, damit man das Herz
herausnehmen kann. In einer Pfanne mit Butter werden Wurstbrät, gehackter Schinken und Zwiebel in
Butter angebräunt und mit einer Prise Salz und Pfeffer
gewürzt. Wenn alles schön goldgelb geworden ist,
gibt man das kleingehackte Innere des Kohls dazu,
würzt mit Thymian, geriebenem Lorbeer und einer
Messerspitze feingehacktem Knoblauch und füllt den
Kohl mit dieser Farce. Mit Faden umwickeln, damit die
Füllung gut zusammenhält, den Kohl in einem Topf
oder eine Terrine auf die Speckschwarte stellen, Weißwein darüber gießen und das Ganze zugedeckt eine
Stunde bei mäßiger Hitze im Ofen garen lassen.

Der passende Wein: Mercurey (Bourgogne), Bourgueil (Touraine), Saint-Amour (Beaujolais).

Tourte au chou
Kohl-Speck-Kuchen

Für 6 Personen:

500 g Mürb- oder Blätterteig (Rezepte S.10 u.37)
1 Kohlkopf von 1 kg Gewicht
200 g geräucherter magerer Speck
25 g Butter
Salz, Pfeffer
Muskatnuß
1 Eigelb

Bereiten Sie einen Mürb- oder Blätterteig und lassen
Sie ihn ruhen. Putzen und zerteilen Sie inzwischen
den Kohl und legen Sie ihn für eine Viertelstunde in
kochendes Salzwasser. Gießen Sie das Wasser ab und
passieren Sie den Kohl durch den Gemüsewolf. Der
Speck wird kleingeschnitten und in einer großen
Pfanne in Butter angebraten. Wenn er beginnt sich zu
bräunen, geben Sie den Kohl dazu, der auch, unter
gelegentlichem Rühren, etwas Farbe annehmen soll
und mit Salz, Pfeffer und Muskat gewürzt wird. Eine
Springform wird mit drei Vierteln des Teigs ausgelegt
und mit dem Kohl gefüllt. Decken Sie einen Teigdeckel darüber, der eine Abzugsöffnung hat, bestreichen Sie ihn mit Eigelb und backen Sie die Torte
eine Stunde bei mittlerer Hitze im Ofen.

Poissons et crustacés -
Fische, Schalen- und Krustentiere

Daurade au fenouil
Goldbrasse mit Fenchel

Für 4 Personen:

1 Goldbrasse von 1 kg Gewicht
frisches Fenchelgrün
Öl
Salz

Nehmen Sie den Fisch aus, waschen und trocknen Sie ihn gut ab. Bereiten Sie vorher ein Holzkohlenfeuer, wenn Sie ihn auf der Glut grillen wollen. Füllen Sie dann den Fisch mit Fenchelgrün, ölen Sie ihn auf beiden Seiten ein und streuen Sie Salz darauf. Legen Sie ihn, mit Fenchel umgeben, auf ein Holzkohlenrost und braten Sie ihn unter behutsamem Wenden sanft und langsam. Wenn nötig, ab und zu mit Öl begießen. Wenn Sie die Goldbrasse im Backofen grillen wollen, lassen Sie den Fenchel weg.
Der Name »Daurade« kommt vom provenzalischen »daurada«, das heißt: »vergoldet«.

Der passende Wein: ein trockener Weißwein.

Daurade au four
Goldbrasse überbacken

Für 4 Personen:

1 Goldbrasse von 1,2 kg Gewicht
1 Fenchelstaude
Thymian und Lorbeerblätter
25 g Butter
4 Tomaten
3 Schalotten
Salz, Pfeffer
2 EL Öl
1 Glas trockener Weißwein

Die Goldbrasse wird ausgenommen, entgrätet und gewaschen und mit einer Mischung aus gehacktem Fenchel, Thymian und Lorbeerblättern gefüllt. Legen Sie den Fisch in eine gebutterte Bratform, umgeben Sie ihn mit Tomatenhälften und bestreuen Sie ihn mit kleingehackten Schalotten. Würzen Sie mit Salz und Pfeffer, verteilen Sie Öl und Wein darüber und überbacken Sie den Fisch vierzig Minuten bei mittlerer Hitze im Ofen. Ab und zu mit dem sich bildenden Saft begießen. Der Fisch wird in der Bratform aufgetragen.

Der passende Wein: Muscadet, Sancerre.

Chaudrée
Fischtopf

Für 6 Personen:

50 g Butter
4 Knoblauchzehen
1 Zwiebel
1 großes Sträußchen Petersilie
1,5 kg Fische: Scholle, Aal, Merlan (Weißling), Meerbarbe
Salz, Pfeffer
½ l Weißwein

Lassen Sie die Butter in einem Topf zergehen und bräunen Sie darin Knoblauch, Zwiebel und Petersilie, alles klein gehackt. Dazu kommen die gewaschenen, ausgenommenen und in Stücke geschnittenen Fische, eine Prise Salz und Pfeffer und der Weißwein. Gießen Sie noch soviel Wasser auf, daß die Fische von der Flüssigkeit gut bedeckt sind. Kochen Sie das Ganze auf großer Flamme auf und lassen Sie den Topf so lange auf dem Feuer, bis der Fisch gar ist. Reichen Sie geröstete Weißbrotscheibchen dazu.

Soufflé au poisson
Fischauflauf

Für 4 Personen:

50 g Butter
150 g Mehl
½ l Milch
250 g Fisch
Salz, Pfeffer
Muskatnuß
4 Eier

Aus Butter, Mehl und Milch wird eine sehr dicke Béchamelsauce bereitet. Der Fisch wird gekocht, mit der Gabel in kleine Stücke gerissen und kommt in die Béchamelsauce, die Sie mit Salz, Pfeffer, geriebener Muskatnuß und, nachdem Sie den Topf vom Feuer genommen haben, den vier Eigelb verrühren. Das Eiweiß wird zu steifem Schnee geschlagen und unter die Fischmasse gehoben. Nun geben Sie das Ganze in eine gut gebutterte Auflaufform und überbacken es bei mittlerer Hitze etwa eine Dreiviertelstunde im Ofen. Das Soufflé muß sofort serviert werden, es fällt sonst zusammen.

Coquilles Saint-Jacques provençales
Jakobsmuscheln provenzalische Art

Für 6 Personen:

24 Jakobsmuscheln
Mehl
50 g Butter
1 EL Öl
Salz, Pfeffer
4 Knoblauchzehen
50 g Semmelbrösel
gehackte Petersilie
Zitrone

Die Muscheln waschen und einige Minuten auf die
heiße Herdplatte legen, dann läßt sich die flache
Schale leicht hochklappen. Das Muschelfleisch aus
den Schalen lösen und die schwarzen Teile entfernen,
so daß nur die weiße Nuß und der orangefarbene
Rogen übrigbleiben. Auf ein Sieb zum Abtropfen
legen und dann in Mehl wälzen. Die Muscheln werden
nun in Öl und Butter geschwenkt und mit Salz und
Pfeffer gewürzt, wenn sie Farbe angenommen haben.
Fügen Sie den zerdrückten Knoblauch hinzu und
füllen Sie die Muscheln wieder in ihre Schalen. Mit
Bröseln und gehackter Petersilie bestreuen und kurz
im Ofen überbacken. Servieren Sie Zitronenscheiben
dazu.

Der passende Wein: ein trockener Weißwein oder ein
leichter Bordeaux.

Coquilles Saint-Jacques à l'ail
Jakobsmuscheln mit Knoblauch

Für 4 Personen:

12 Jakobsmuscheln
50 g Butter
8 Knoblauchzehen
Petersilie
1 Glas Weißwein
Salz, Pfeffer
⅕ l Sahne

Öffnen Sie die Muscheln und entfernen Sie nach dem
Waschen die schwarzen Teile. In der Pfanne werden
die Muscheln in heißer Butter bei kleiner Hitze geschwenkt, ohne daß die Butter braun wird. Geben Sie
den gehackten Knoblauch, zwei gute Handvoll fein
gewiegte Petersilie und den Wein dazu, würzen Sie
mit einer Prise Salz und Pfeffer. Lassen Sie die Muscheln in diesem Sud auf kleiner Flamme noch zwanzig Minuten dünsten. Vor dem Anrichten rühren Sie
die Sahne unter die Sauce.

Der passende Wein: ein trockener Weißwein oder ein
leichter Bordeaux.

Filets de sole normande
Seezungenfilets auf normannische Art

Für 4 Personen:

4 Seezungenfilets
½ kg Muscheln
1 Schalotte
50 g Butter
½ l trockener Weißwein
100 g Champignons
100 g Krabben
Salz
2 Eigelb
⅛ l Sahne

Die Seezungenfilets waschen und abtrocknen. Muscheln waschen, bürsten und in sprudelndes Salzwasser legen, bis sie sich öffnen. In einem großen Topf auf kleiner Flamme die gehackte Schalotte in Butter lichtgelb andünsten. Wein, etwas vom Muschelsud, kleingeschnittene Champignons und entschalte Krabben hinzufügen. Auf kleiner Flamme 10 Minuten lang kochen lassen. Krabben und Champignons herausnehmen und die Seezungenfilets in dem Sud garziehen lassen. Behutsam herausnehmen und auf einer vorgewärmten Platte mit den entschälten Muscheln den Champignons und Krabben anrichten. Warm stellen. Den Sud einkochen lassen, wenn nötig noch etwas salzen, mit Eigelb und Sahne binden und über den angerichteten Fisch gießen.

Der passende Wein: Meursault, Chablis (Bourgogne) oder Pouilly fuissé (Mâconnais).

Couronne de sole
Seezungen-Krone

Für 6 Personen:

12 Seezungenfilets
Fischabfälle (Haut, Gräten)
Salz, Pfeffer
1 Schalotte
1 Suppengrün
50 g Butter
Mehl
2 EL Sahne
Safran
200 g geschälte Krabben (Garnelen)

Waschen Sie die Seezungenfilets. In einen Topf mit wenig Wasser Fischabfälle mit Salz, Pfeffer, der Schalotte und dem Suppengrün so lange kochen lassen, bis ein starker Sud entstanden ist. Eine Kranzform wird gut gebuttert, mit den Seezungenfilets ausgelegt, und dann vierzig Minuten im Wasserbad gekocht. Inzwischen bereiten Sie aus Butter, Mehl und dem Fischsud eine Sauce, rühren die Sahne und eine Messerspitze Safran hinein und fügen die geschälen Krabben hinzu. Nun wird der Inhalt der Form auf eine vorgewärmte Platte gestürzt und mit der Sauce übergossen.
Dieses Rezept können Sie auch mit Merlan-Filets (Weißling) probieren.

Der passende Wein: Pouilly fumé (Loire); Chablis (Bourgogne).

Sardines frites
Gebackene Sardinen

Für 4 Personen:

20 Sardinen (frische Sprotten)
Mehl
Fritieröl
Salz
Zitrone

Bereiten Sie ganz frische Sardinen (Sprotten) vor, indem Sie sie ausnehmen und entgräten. Trocknen Sie die Fische gut ab, bevor Sie sie in Mehl wenden und in siedendem Öl ausbacken. Dazu reichen Sie Salz und Zitronensaft.
Kaufen Sie Ihre Sardinen früh morgens am Hafen, wenn sie, frisch aus dem Meer, silbrig glänzend auf den Stegen der Fischer liegen.

Rougets au fenouil
Rotbarben mit Fenchel

Für 6 Personen:

6 Rotbarben
Butter
2 Schalotten
½ Fenchelknolle
Salz
½ Glas trockener Weißwein
Fenchelgrün

Die Rotbarben werden ausgenommen, entgrätet und gewaschen. Lassen Sie in einer Schmorpfanne Butter zergehen und dünsten Sie darin auf kleiner Flamme die feingehackte Schalotte und den kleingeschnittenen Fenchel weich. Geben Sie Salz und den Weißwein dazu. In einer Auflaufform wird das Fenchelgrün verteilt, darauf legen Sie die Fische und übergießen alles mit dem Inhalt der Pfanne. Die Form in den vorgeheizten Backofen schieben und bei mittlerer Hitze eine halbe Stunde überbacken.

Der passende Wein: ein trockener Weißwein.

Rougets à la tomate
Rotbarben mit Tomatensauce

Für 5 Personen:

5 Rotbarben
Öl
3 Tomaten
3 Knoblauchzehen
Salz und Pfeffer
½ Glas trockener Weißwein
Zitrone

Den Fisch ausnehmen, entgräten, waschen und mit Öl einpinseln. In der Pfanne oder auf dem Grill rösten. Inzwischen wird aus Tomaten, zerdrücktem Knoblauch, Salz, Pfeffer und Weißwein ein dünnes Püree bereitet, das man durch ein Sieb passiert und zu dem gerösteten Fisch serviert. Mit Zitronenscheiben garnieren.
Damit das Tomatenpüree gelingt und nicht zu sauer wird, sollten Sie nur schöne, reife Tomaten und einen nicht zu sauren Weißwein verwenden.

Der passende Wein: ein trockener Weißwein.

Turbot sauce hollandaise
Steinbutt mit holländischer Sauce

Für 4 Personen:

1 Steinbutt von etwa 1 kg Gewicht
1 Kräutersträußchen (Thymian, Petersilie)
Fischsud
3 Eigelb
150 g Butter
Salz, Pfeffer
1 Zitrone

Den Steinbutt ausnehmen, die schwarze Haut entfernen, den Fisch waschen und mit dem Kräutersträußchen im Fischsud kochen, den Sie zuvor aus Wasser, Wein, Zwiebel, Suppengrün, Lorbeerblatt, Salz und Pfeffer eingekocht haben. Inzwischen werden in einem kleinen Topf die drei Eigelb mit drei Eßlöffeln Wasser verrührt und im Wasserbad erhitzt. Unter Rühren gibt man nach und nach die Butter dazu, bis sie geschmolzen ist und die Sauce dick zu werden beginnt. Nun wird der Topf vom Feuer genommen und die Sauce mit Salz, Pfeffer und Zitronensaft abgeschmeckt. Servieren Sie Pellkartoffeln zum Fisch und die Sauce separat in eine Saucière.

Der passende Wein: Pouilly fumé (Loire); Meursault (Bourgogne, Côte d'Or); Sancerre.

Brandade de morue
Stockfisch-Brandade (Südfrankreich)

Für 6 Personen:

500 g Stockfisch
1 Kräutersträußchen
Olivenöl
Milch
2 Knoblauchzehen

Der Stockfisch wird am Vorabend gewässert, das Wasser dabei mehrmals erneuert. Am nächsten Tag gibt man den Fisch mit dem Kräutersträußchen für ungefähr eine Viertelstunde in leise kochendes Wasser, nimmt ihn heraus, wenn er gar ist, enthäutet und entgrätet ihn. Zerteilen, zerdrücken Sie den Fisch in einem Topf mit einem Holzlöffel, geben Sie unter Rühren nach und nach Öl und Milch dazu, bis ein weißer Brei entstanden ist. Schmecken Sie ab, geben Sie den feingehackten Knoblauch dazu und richten Sie die Brandade auf gerösteten Brotscheiben, mit Eischeiben garniert, an.

Morue aux haricots rouges
Stockfisch mit roten Bohnen

Für 6 Personen:

500 g frische rote Bohnen
500 g gewässerter Stockfisch
1 Ei
50 g Semmelbrösel
Fritieröl
Salz, Pfeffer
Rote und grüne Paprikaschoten

Kochen Sie die roten Bohnen eine Dreiviertelstunde in Salzwasser. Schneiden Sie den gewässerten, abgetropften Stockfisch in kleine Rechtecke, die Sie in verquirltem Ei und Bröseln wenden, mit Pfeffer bestreuen und in siedendem Öl ausbacken. Die Fischkarrees werden auf den abgegossenen roten Bohnen angerichtet und das Ganze mit feingehackten Paprikaschoten bestreut.
Getrocknete Bohnen muß man am Abend zuvor einweichen und etwas länger kochen.

Der passende Wein: Rosé de Provence.

Morue en aïoli (Provence)
Stockfisch mit Knoblauchmayonnaise

Für 6 Personen:

1 Stockfisch von 1,5 kg	6 Kartoffeln
Thymian, 1 Lorbeerblatt	1 Rote Rübe
1 Zwiebel	8 Eier
6 Karotten	4 Knoblauchzehen
3 Zucchini	Salz, Pfeffer
3 Fenchelknollen	Olivenöl
1 Blumenkohl	3 Tomaten
500 g grüne Bohnen	

Der Stockfisch wird 24 Stunden lang gewässert, dann läßt man ihn mit Thymian, Lorbeerblatt und Zwiebel in Wasser vorsichtig gar ziehen. Karotten, Zucchini, Fenchel, Blumenkohl, grüne Bohnen und Kartoffeln werden, nach Belieben geschnitten, ebenfalls in Salzwasser gekocht, die rote Rübe bekommt einen Extratopf zum Garwerden. Aus zwei Eiern, zerdrücktem Knoblauch, einer Prise Salz, Pfeffer und tropfenweise dazugegebenem Öl wird eine Mayonnaise gerührt, während die sechs übrigen Eier hart gesotten werden. Der zerpflückte Stockfisch wird auf einer vorgewärmten Platte angerichtet, die rote Rübe schneiden Sie in Würfel und servieren sie mit rohen halbierten Tomaten und harten Eiern. Eine Platte ist für die gekochten Gemüse; die Aïoli-Mayonnaise wird separat dazu serviert.
Sie können das Gemüse, je nach Jahreszeit, variieren; auf jeden Fall muß es ganz frisch sein.

Der passende Wein: ein Provence-Wein, weiß oder rosé (Cassis, Côtes-de-Provence, Bandol, Bellet).

Morue provençale
Stockfisch auf provenzalische Art

Für 4 Personen:

500 g Stockfisch
3 EL Öl
6 geschälte Tomaten
2 Knoblauchzehen
2 Schalotten
Thymian, Lorbeerblatt
Petersilie
Salz, Pfeffer
Schwarze Oliven

Den Stockfisch vierundzwanzig Stunden wässern und das Wasser mehrmals erneuern. In einer Schmorpfanne das Öl erhitzen und darin Tomatenviertel, kleingehackten Knoblauch und Schalotten, Thymian, ein Lorbeerblatt und fein gewiegte Petersilie dünsten; mit Salz und Pfeffer abschmecken. Nach ein paar Minuten die Stockfisch-Stücke hinzufügen und zugedeckt eine halbe Stunde lang mit dem Gemüse schmoren lassen. Vor dem Anrichten gibt man die schwarzen Oliven dazu.

Der passende Wein: Rosé de Provence.

Bouilleture d'anguilles
Aaltopf

Für 6 Personen:

1,5 kg Aal
2 Zwiebeln
100 g Butter
1 Handvoll Spinat
½ Flasche trockener Weißwein
Salz, Pfeffer
¼ l Sahne

Schneiden Sie den Aal in Stücke und lassen Sie ihn in einer Pfanne mit fein gehackten Zwiebeln in Butter andünsten. Wenn die Fischstücke Farbe angenommen haben, geben Sie kleingeschnittenen Spinat dazu, gießen den Wein darüber und lassen das Ganze auf kleiner Flamme zwanzig Minuten lang kochen. Würzen Sie mit Salz und Pfeffer und nehmen Sie die Fischstücke heraus. Nachdem Sie die Sauce auf die Hälfte haben einkochen lassen, binden Sie sie mit Sahne, geben die Aalstücke wieder hinein und halten sie bis zum Servieren warm, ohne daß sie noch kochen darf.

Der passende Wein: Gros-Plant, Muscadet, Riesling.

Maquereaux au vin blanc
Makrelen in Weißwein

Für 5 Personen:

5 kleine Makrelen
1 l Weißwein
1 Zwiebel
1 Schalotte
1 Karotte
2 Lorbeerblätter
Salz, Pfefferkörner

Zerteilen Sie die Makrelen in Filets und legen Sie sie in eine Terrine. Aus Weißwein, kleingeschnittenem Gemüse, Salz, Lorbeerblättern und Pfefferkörnern kochen Sie eine Marinade, die Sie sogleich über die Makrelen gießen. Zugedeckt achtundvierzig Stunden kühl stellen und marinieren lassen.

Der passende Wein: Muscadet, Gros-plant.

Maquereaux à la moutarde
Senf-Makrelen

Für 5 Personen:

5 kleine Makrelen
2 EL Senf
1 EL Mehl
Salz, Pfeffer
Öl
Zitronensaft

Die Makrelen werden gewaschen, ausgenommen und gut abgetrocknet, dann mit einer Mischung aus Senf, Mehl, Salz und Pfeffer bestrichen. Auf jeden Fisch gibt man ein paar Tropfen Öl und grillt ihn auf beiden Seiten. Die Senf-Makrelen werden mit Zitronensaft beträufelt gegessen.

Der passende Wein: ein trockener Weißwein.

Harengs saurs à la crème
Heringsfilets in Sahnesauce

Für 6 Personen:

12 Salzheringsfilets
2 Zwiebeln
1 Glas Öl
4 Pfefferkörner
2 EL Sahne
Brot

Legen Sie die Heringsfilets für achtundvierzig Stunden in eine Marinade aus Öl, einer in Ringe geschnittenen Zwiebel und Pfefferkörnern. Nehmen Sie dann die Filets und die Zwiebeln aus der Marinade und richten Sie sie mit der anderen feingehackten Zwiebel und der frischen Sahne an. Dazu ißt man geröstetes Brot.

Brochet à la crème
Hecht in Sahnesauce

Für 6 Personen:

1 Hecht von 2 kg Gewicht
1 Zwiebel
1 Karotte
Petersilie
1 Lorbeerblatt
50 g Butter
Salz, Pfeffer
6 Schalotten
½ Flasche trockener Weißwein
¼ l Sahne
1 Eigelb

Der Fisch wird gesäubert, Kopf und Flossen schneidet man ab und bringt sie mit einem halben Liter Wasser, der Zwiebel, der Karotte, Petersilie und einem Lorbeerblatt zum Kochen. Den Fischsud kocht man auf die Hälfte ein. Buttern Sie eine Bratform, legen Sie den innen und außen mit Salz und Pfeffer bestreuten Hecht hinein, geben Sie die kleingeschnittenen Schalotten, den Weißwein und den eingekochten Fischsud dazu und dünsten Sie alles zugedeckt etwa eine halbe Stunde lang im Backofen. Dann halten Sie den Fisch auf einer Platte warm, kochen die Brühe nochmals auf die Hälfte ein, gießen sie durch ein Sieb, schmecken ab und legieren mit Sahne und Eigelb. Die Sauce wird vor dem Servieren über den Fisch gegossen.

Der passende Wein: Chablis (weißer Burgunder), Pouilly fumé.

Moules au citron
Muscheln in Zitronensauce

Für 4 Personen:

50 g Butter
100 g Karotten
3 Schalotten
2 kg Muscheln
1 EL Mehl
4 Zitronen
½ Glas trockener Weißwein
Salz, Pfeffer
1 Kräutersträußchen

Dünsten Sie in einer Schmorpfanne mit Butter die geriebenen Karotten und fein gewiegten Schalotten auf kleiner Flamme weich. Inzwischen geben Sie die Muscheln in einen Topf mit etwas Salzwasser und lassen sie auf großer Flamme kochen, bis sie sich öffnen. Abseihen, das Muschelwasser aufheben, die Muscheln warmstellen. Die gedünsteten Gemüse überpudern Sie mit Mehl und geben unter Rühren den Zitronensaft, das Muschelwasser und den Weißwein hinein. Salzen, pfeffern, ein Kräutersträußchen dazulegen und auf kleiner Flamme zehn Minuten ziehen lassen. Beim Anrichten werden die Muscheln mit dieser Sauce übergossen.

Moules frites
Gebratene Muscheln

Für 4 Personen:

2 kg Muscheln
100 g Butter
2 EL Öl
100 g Semmelbrösel
6 Knoblauchzehen
Salz, Pfeffer
Petersilie

Die gut geputzten Muscheln so lange in wenig leicht gesalzenem Wasser kochen, bis sie sich öffnen. Herausnehmen, Wasser abtropfen lassen, die Deckschalen entfernen und die Schalenhälften mit Fleisch aufbewahren. In einer großen Pfanne Butter und Öl erhitzen und die Muscheln auf kleiner Flamme andünsten lassen. Geben Sie die mit zerdrücktem Knoblauch vermischte Brotkrume dazu, würzen Sie mit Salz und Pfeffer und rühren Sie fleißig, bis die Brösel goldgelb und knusprig sind. Streuen Sie gehackte Petersilie über die Muscheln und bringen Sie sie heiß zu Tisch.

Der passende Wein: Muscadet.

Moules à la crème
Muscheln in Sahnesauce

Für 4 Personen:

2 kg Muscheln
2 Schalotten
25 g Butter
1 Glas trockener Weißwein
Pfeffer
⅕ l Sahne
Petersilie

Die gewaschenen und gebürsteten Muscheln in einen großen Topf mit etwas Salzwasser geben und, wenn sie sich geöffnet haben, das Fleisch auslösen und warm stellen. Das Muschelwasser durch ein Sieb gießen und beiseite stellen. Die kleingehackten Schalotten in Butter dünsten, Wein und Muschelwasser darübergießen, eine Prise Pfeffer dazugeben und kurz einkochen lassen. Den Topf vom Feuer nehmen, die Sahne und etwas gehackte Petersilie hineinrühren und die Sauce über die Muscheln gießen.

Der passende Wein: Muscadet, Gros-Plant.

Brochettes de moules
Muschelspießchen

Für 6 Personen:

1 kg frische große Muscheln
10 dünne Scheiben geräucherter Speck
2 dicke Scheiben gekochter Schinken
2 Eier
Salz, Pfeffer
100 g Semmelbrösel
100 g Butter
2 Zitronen

Geben Sie die Muscheln ohne Wasser in einen Schmortopf auf den heißen Herd und rühren Sie fleißig, bis sie sich öffnen. Die Muscheln werden aus den Schalen gelöst, und man umwickelt jede mit einem Stück Speck. Den Schinken in Würfel schneiden und abwechselnd mit den umwickelten Muscheln auf kleine Spieße stecken. Tauchen Sie die Spieße in verquirlte Eier, bestreuen Sie sie mit Salz und Pfeffer und wälzen Sie sie in Semmelbröseln. In einer Pfanne mit Butter werden Sie unter Wenden auf mittlerer Flamme gebacken und mit Zitronenscheiben serviert.

Der passende Wein: ein trockener Weißwein.

Palourdes grillées
Gegrillte Miesmuscheln

Für 6 Personen:

6 Dutzend große Miesmuscheln
4 Schalotten
25 g Butter
2 Glas trockener Weißwein
100 g feine Semmelbrösel
200 g geriebener Gruyère
Petersilie
2 EL Sahne

Legen Sie die Muscheln in einen Schmortopf auf große Flamme, bis die Muscheln sich öffnen. Lösen Sie das Fleisch aus den Schalen und geben Sie die Flüssigkeit, die sich gebildet hat, in einen Topf, in dem Sie zuvor die feingehackten Schalotten in Butter gedünstet haben. Weißwein dazugießen und auf die Hälfte einkochen lassen. Feine Semmelbrösel und den Käse unter den Sud mischen und den Topf vom Feuer nehmen. Die gehackte Petersilie und die Sahne unterrühren, die Muscheln mit dieser Creme und dem Muschelfleisch füllen und im Ofen leicht überbacken.

Huîtres à la bordelaise
Austern nach Bordelaiser Art

Für 4 Personen:

4 Dutzend Austern
12 Crépinettes (oder Perlwürstchen)
Trockener Weißwein oder ein leichter roter Bordeaux

Öffnen Sie die Austern und richten Sie sie auf einer vorgewärmten Platte an. Die Würstchen werden gegrillt; man ißt zu jeder Auster ein Stückchen Wurst. Kenner bevorzugen als Abrundung dazu einen leichten roten Bordeaux, Sie können aber auch einen trockenen Weißwein reichen.
Crépinettes bestehen aus feiner, mit Trüffeln vermischter Bratwurstfülle, in Haut aus Hammelmagen gefüllt und in flache, rechteckige Form gebracht.

Huîtres farcies
Gefüllte Austern

Pro Person:

1 Dutzend Austern
50 g Butter
½ Knoblauchzehe
1 Tasse gehackte Petersilie
50 g Semmelbrösel oder Brotkrume

Die Austern werden geöffnet und in eine Bratform gelegt. Vermischen Sie weichgerührte Butter mit feingehacktem Knoblauch und Petersilie. Mischen Sie die Brösel darunter und füllen Sie einen Kaffeelöffel dieser Paste in jede Auster. Dann werden die Austern gegrillt und sofort serviert.

Der passende Wein: Muscadet, Gros-Plant oder ein leichter roter Bordeaux.

Homard à l'armoricaine
Hummer auf armorikanische Art

Für 4 Personen:

2 Hummer
150 g Butter
Salz, Pfeffer
6 Schalotten
Cognac
½ Flasche trockener Weißwein
2 Tomaten
1 Kräutersträußchen

Werfen Sie die lebenden Hummer für fünf Minuten in kochendes Wasser. Gießen Sie das Wasser ab und zerteilen Sie die Hummer. Heben Sie den Hummerrogen (korallenrote Kügelchen), die Flüssigkeit und den cremigen Teil der Eingeweide auf. Rösten Sie die Hummerstücke in einer Schmorpfanne mit Butter an, geben Sie Salz, Pfeffer und die kleingehackten Schalotten dazu. Mit Cognac flambieren und mit Weißwein ablöschen. Die geschälten, entkernten Tomaten und ein Kräutersträußchen in die Pfanne geben. Zugedeckt eine halbe Stunde auf kleiner Flamme schmoren lassen. Dann werden die Hummerstücke herausgeholt und warmgestellt; die zerdrückten aufgehobenen Teile in die Sauce gegeben und fünfzehn Minuten lang einkochen. Reichen Sie die Hummerstücke, mit der Sauce übergossen, zu Reis.
Der Name »à l'armoricaine« kommt von »Armorika«, der alten Bezeichnung für die Bretagne.

Homard à la normande
Hummer auf normannische Art

Für 4 Personen:

2 Hummer
50 g Butter
3 Schalotten
25 g Mehl
¼ l frische Sahne
Salz, Pfeffer
1 Gläschen Calvados

Werfen Sie die lebenden Hummer für fünf Minuten in kochendes Wasser. Gießen Sie das Wasser ab und halbieren Sie die Hummer der Länge nach. Heben Sie in einer Schüssel die weiße Creme und die grünlichen Innereien auf. Die Hummerhälften werden in Butter gar gedünstet, aus der Pfanne genommen und beiseite gelegt. Dünsten Sie in der Pfanne die kleingehackten Schalotten glasig. Abseits vom Feuer mit Mehl bestäuben und die Sahne, eine Prise Salz und Pfeffer und den Calvados hineinrühren. Vorsichtig erhitzen, die Innereien untermischen und die Hummerstücke für einige Minuten mit in die Sauce geben und heiß servieren.

Truite au bleu
Forelle blau

Pro Person:

1 lebende Forelle von 250 g
Salzwasser
1 Schalotte
1 Kräutersträußchen
25 g Butter

Die Forelle wird erst kurz vor dem Kochen getötet, ausgenommen und gewaschen. Aus Salzwasser, Schalotten und Kräutern (Thymian, Lorbeerblatt und Petersilie) einen Sud bereiten und die Forelle darin zehn bis fünfzehn Minuten nur leise ziehen lassen. Nehmen Sie den Fisch dann aus dem Sud, richten Sie ihn auf einer vorgewärmten Platte an und reichen Sie die flüssige Butter dazu.

Der passende Wein: Crépy (Haute Savoie).

Truites aux amandes
Forellen mit Mandeln

Für 4 Personen:

4 Forellen von je 250 g
Milch
Salz und Pfeffer
Mehl
100 g Butter
100 g Mandelstifte oder -blättchen
1 Zitrone

Die Forellen ausnehmen und waschen. Gut abtrocknen, in Milch tauchen, mit Salz und Pfeffer bestreuen und dann in Mehl wälzen. In einer großen Pfanne 50 g Butter zerlaufen und leicht anbräunen lassen, die Forellen vorsichtig hineingeben und auf beiden Seiten braun braten. In der restlichen Butter die Mandelstifte goldgelb rösten. Die Forelle auf einer vorgewärmten Platte anrichten, mit Zitronenscheiben umlegen und die gerösteten Mandeln mit der Butter darübergießen. Mit gekochten Kartoffeln servieren.

Der passende Wein: weißer Meursault (Bourgogne, Côte d'Or), Pouilly-fumé (Loire).

93

Les viandes - Fleischgerichte

◄ Steak au poivre
Pfeffersteak

Pro Person:

1 Scheibe Rindsfilet
Pfeffer
Butter
Salz
2 TL Cognac
1–2 EL Sahne

Der Pfeffer wird grob gemahlen, auf beide Seiten des Filets gestreut und mit einem Holzstößel ins Fleisch geklopft. Das Filet in Butter von beiden Seiten nicht ganz durchbraten, aus der Pfanne nehmen, mit Salz bestreuen und warm stellen. Den Fond mit Cognac flambieren, mit Sahne binden und diese Sauce über das Steak gießen.

Der passende Wein: ein schwerer roter Burgunder.

Pot-au-feu

Für 6 Personen:

1,5 kg Fleisch: Bug, Fehlrippe, Schwanzstück (zwei verschiedene Sorten zusammen)
1 Markknochen
2 große Zwiebeln
Salz, Pfeffer
1 große geräucherte Kochwurst
200 g Karotten
200 g weiße Rüben
3 Stangen Porree
½ Kohlkopf
Petersilie, Thymian, Lorbeerblätter

Knochen, Fleisch und Zwiebeln in vier Liter sprudelndem Wasser ansetzen, salzen, pfeffern und bei mittlerer Hitze unter mehrmaligem Abschäumen eine Stunde kochen lassen. Die Wurst und die geschälten Gemüse unzerteilt dazugeben, die Kräuter zu einem Sträußchen zusammenbinden und mit der Nelke in die Suppe legen. Bei milder Hitze eineinhalb Stunden weiterkochen lassen. Sieben Sie die Bouillon in eine Suppenschüssel und reichen Sie Gemüse und Fleisch separat mit verschiedenen Arten Senf.

Der passende Wein: Brouilly, Saint-Amour (Beaujolais); Bourgueil (Touraine).

Côte de Bœuf grillée
Gegrillter Rinderrostbraten

Für 2 Personen:

1 Rinderrostbraten (Doppellendenstück, etwa 400 bis 500 g)
Salz, Pfeffer
Rosmarin
Öl

Bereiten Sie ein Holzkohlenfeuer. Der Braten wird gesalzen, gepfeffert und mit fein gewiegtem Rosmarin bestreut. Klopfen Sie die Gewürze mit dem Holzstößel fest ins Fleisch, bestreichen Sie es ringsum gut mit Öl und grillen Sie es langsam auf beiden Seiten. Dazu servieren Sie Senf.

Fleisch, das man über Holzkohlenfeuer brät, bekommt leicht eine verbrannte Kruste, während es innen noch nicht gar ist – vielleicht weil Flammen aus der Glut schlagen, oder man es zu nah an die Glut bringt. Damit das Fleisch wirklich gut schmeckt, muß es etwa zwanzig Minuten vorsichtig gegrillt werden und rundum eine schöne goldbraune Kruste haben.

Man riecht den Duft von frischgeschlagenem Holz und Rauch, das Gesicht und die Hände sind gerötet von der Hitze der Glut, und plötzlich weht im Kreis der Gäste, die ums Feuer sitzen, ein Hauch vom Geist der Urahnen, die noch als Jäger lebten.

Entrecôte marchand de vin
Zwischenrippenstück Weinhändlerart

Für 4 Personen:

3 Glas Rotwein
4 Schalotten
1 Zwischenrippenstück von 500 g Gewicht
Salz, Pfeffer
2 EL Fleischsaft (Jus, Bratensauce)
150 g Butter
2 EL gehackte Petersilie
1 Zitrone

Geben Sie den Wein und die geschälten, feingehackten Schalotten in einen Topf und lassen Sie fast die ganze Flüssigkeit einkochen. Braten Sie das Fleisch in Butter, bis es gar ist (das dauert etwa zwanzig bis fünfundzwanzig Minuten), würzen Sie mit Salz und Pfeffer, nehmen den Topf vom Feuer und geben etwas Fleischsaft dazu. Dann wird Butter schaumig geschlagen, mit den Schalotten, dem Weinrest, der Petersilie und dem Saft der Zitrone gut verrührt und auf das Fleisch gestrichen, das Sie sofort servieren.

Der passende Wein: Brouilly (Beaujolais); Châteauneuf-du-pape (Côtes-du-Rhône).

◄ Steak tartare

Pro Person:

200 g Rindsfilet
1 Eigelb
1 Tomate
2 EL feingehackte Zwiebel
Kapern
Senf
Petersilie
Salz, Pfeffer
Tomatensauce mit Piment

Weil es roh gegessen wird, empfiehlt es sich, das Rindsfilet selbst zu haschieren oder zuzusehen, wie der Metzger das für Sie tut. Verwenden Sie keinesfalls tiefgekühltes oder fertiges Hackfleisch. Sie richten das gehackte Fleisch portionsweise auf Tellern an, geben das Eigelb in eine kleine Mulde, die Sie in die Mitte gedrückt haben, und garnieren das Steak ringsherum mit kleinen Häufchen von den Gewürzen und Zutaten. Dazu schmecken Pommes frites sehr gut.

Der passende Wein: roter Bordeaux oder Burgunder.

Bœuf en gelée aux carottes
Rindfleisch mit Karotten in Aspik

Für 6 Personen:

1,5 kg Rindfleisch (Lende oder Schwanzstück)
150 g fetter Speck
Butter
1 kg Karotten
200 g kleine Zwiebeln
Salz, Pfeffer
250 g Aspik (Gelée)
Cornichons

Spicken Sie die Lende mit Speck oder kaufen Sie fertig gespicktes Fleisch beim Metzger. Braten Sie es von allen Seiten in Butter an, fügen Sie die geschälten und in Stücke geschnittenen Karotten und Zwiebeln hinzu und würzen Sie mit Salz und Pfeffer. Gießen Sie eine Tasse heißes Wasser über das Fleisch und lassen Sie es zugedeckt etwa zwei Stunden über kleinem Feuer gar schmoren. Das Fleisch wird dann aus dem Bratensaft genommen, ebenso das Gemüse, und die Flüssigkeit wird sorgsam entfettet. Eine Form von etwa der gleichen Größe wie das Fleisch wird mit etwas flüssigem Aspik ausgegossen, darauf gibt man eine Lage Karottenscheibchen und darüber das Fleisch. Mischen Sie den entfetteten Fleischsaft mit flüssigem Aspik und füllen Sie die Form damit auf. Erstarren lassen und mit den restlichen erwärmten Karotten und Zwiebeln und mit einigen Cornichons servieren.

Bœuf en cocotte
Schmortopf

Für 6 Personen:

1,5 kg Rindfleisch (Lende oder Schwanzstück)
2 EL Öl
3 Karotten
100 g Champignons
150 g geräucherter Speck
1 Glas Weißwein
Salz, Pfeffer

Braten Sie das Fleisch in heißem Öl von allen Seiten
schön braun. Putzen Sie Karotten und Champignons,
schneiden Sie die Karotten in Scheibchen, die Champignons in Viertel, den Speck in kleine Würfel und
geben Sie alles mit dem Wein zum Fleisch. Salzen,
pfeffern und zugedeckt zwei Stunden lang kochen
lassen.
Reichen Sie Kartoffelpürree oder grüne Bohnen dazu.

Der passende Wein: roter Burgunder.

Bœuf Miroton
Rindfleischragout

Für 4 Personen:

600 g gekochtes, mageres Rindfleisch (Suppenfleisch)
50 g Butter
3 Zwiebeln
6 Cornichons
½ Glas Chablis
2 EL Essig
1 EL Tomatenmark
Salz, Pfeffer
50 g Käse

Geben Sie in einen Topf mit zerlassener Butter die
feingehackten Zwiebeln und Cornichons, Weißwein,
Essig und das Tomatenmark, würzen Sie mit Salz und
Pfeffer und lassen Sie alles zehn Minuten kochen.
Das Fleisch wird in dicke Scheiben geschnitten, auf
einer feuerfesten Platte angerichtet, man gießt die
Sauce darüber, bestreut das Ganze mit geriebenem
Käse und überbäckt es kurz im Ofen. Heiß servieren.
Sie können für dieses Gericht Reste vom Suppenfleisch
verwenden.

Der passende Wein: ein leichter Burgunder.

Daube de Bœuf
Schmorgericht nach alter Art

Für 8 Personen:

1,5 kg Blume (Schwanzstück)
150 g fetter Speck
1 EL Öl
200 g Speckschwarten
5 Zwiebeln
6 Karotten
2 Knoblauchzehen
Thymian und Lorbeerblatt
Salz, Pfeffer
1 Liter Burgunder

Spicken Sie das Rindfleisch mit Speck. Geben Sie Öl in einen feuerfesten irdenen Topf (»Daubière«) und legen Sie ihn mit Speckschwarten aus. Darauf kommen: das Fleisch, die geputzten Gemüse, zwei ganze Knoblauchzehen und die Kräuter. Salzen, pfeffern und mit Wein begießen. Zugedeckt dreieinhalb Stunden im Ofen garen lassen.

Tournedos à la crème
Lendenschnitten in Sahnesauce

Für 4 Personen:

4 Lendenschnitten
25 g Butter
Salz, Pfeffer
100 g Champignons
1 TL Armagnac
1 Trüffel
2–3 EL Sahne
Brot
4 Scheiben Gänseleberparfait

Die Lendenschnitten werden in Butter bei starker Hitze auf beiden Seiten drei bis vier Minuten gebraten, aus der Pfanne genommen, mit Salz und Pfeffer bestreut und warmgestellt. Dämpfen Sie sodann im Bratfond die geputzten Champignons zehn Minuten, löschen Sie mit Armagnac und rühren Sie die kleingehackte Trüffel, etwas Salz und Pfeffer und die Sahne unter die Sauce. Richten Sie jede Lendenschnitte auf einer Scheibe geröstetem Brot an, belegen Sie die Schnitten mit dünnen Scheiben Gänseleberparfait und übergießen Sie sie mit der Sahnesauce. Dazu reichen Sie Karöttchen, in Butter geschwenkt.

Der passende Wein: Bordeaux, Médoc.

Veau au paprika
Kalbfleisch mit Paprika

Für 6 Personen:

1,5 kg Kalbfleisch
Öl
2 Tomaten
2 Zwiebeln
1 EL Mehl
¼ l Bouillon
Salz, Pfeffer
1 EL Paprika
Saft einer halben Zitrone
2 EL Sahne

Das würfelig geschnittene Kalbfleisch wird in etwas
Öl angebraten, Tomaten und Zwiebeln werden geschält. Wenn die Fleischwürfel schön goldbraun sind,
bestäubt man sie mit Mehl und rührt gut um. Fleischbrühe darübergießen, feingehackte Zwiebeln und zerdrückte Tomaten dazugeben, mit Salz, Pfeffer und
Paprika würzen. Auf kleiner Flamme eine Stunde
schmoren lassen. Vor dem Anrichten gibt man Zitronensaft und Sahne an die Sauce. Beilage: Nudeln.

Der passende Wein: ein leichter Rotwein.

Escalopes de veau à la crème
Rahmschnitzel

Für 4 Personen:

4 Kalbsschnitzel
Salz, Pfeffer
2 EL Öl
etwas Fleischbrühe
⅓ l Sahne

Die Schnitzel werden mit Salz und Pfeffer bestreut und
in heißem Öl auf mittlerer Flamme goldbraun gebraten.
Aus der Pfanne nehmen, warm stellen. Den Bratfond
mit etwas Fleischbrühe loskochen, die Sahne mit dem
Schneebesen hineinrühren und die fertige Sauce über
die Schnitzel gießen.
Dazu reicht man Nudeln oder in Butter gedünstete
Pfifferlinge.

Der passende Wein: Beaujolais.

Escalopes panées
Panierte Schnitzel

Für 4 Personen:

4 Schnitzel
Salz, Pfeffer
Mehl
2 Eier
100 g Semmelbrösel
50 g Butter
1 Zitrone

Die Schnitzel werden gesalzen, gepfeffert, in Mehl und verquirltem Ei und zuletzt in feinen Semmelbröseln gewendet. Man brät sie in Butter knusprig braun und serviert Zitronenscheibchen dazu.

Der passende Wein: ein leichter Rotwein.

Paupiettes de veau
Kalbsrouladen

Für 6 Personen:

6 Kalbsschnitzel
Salz, Pfeffer
300 g Wurstbrät
Thymian, Lorbeerblatt
Petersilie
Butter
300 g Champignons
¼ l Sahne

Kaufen Sie ganz dünne Kalbsschnitzel, die Sie salzen, pfeffern und mit einer Mischung aus Wurstbrät, Thymian, gehacktem Lorbeerblatt und gehackter Petersilie belegen. Die so gefüllten Schnitzel werden zusammengerollt und mit einer Schnur umwickelt. Man brät sie in Butter an und läßt sie, mit etwas heißem Wasser begossen, eine Dreiviertelstunde auf kleiner Flamme schmoren. Dann werden Sie aus dem Topf genommen und warm gestellt. In den Bratfond gibt man nun die Champignons und würzt mit Salz und Pfeffer. Wenn sie gar sind, wird die Sahne untergerührt. Man serviert die Rouladen in der Champignonsauce.

Der passende Wein: ein leichter Rotwein.

Veau marengo
Kalbsragout Marengo

Für 6 Personen:

1,5 kg Kalbsschulter oder -brust
50 g Butter
1 EL Mehl
1 Knoblauchzehe
4 große Zwiebeln
500 g Tomaten
Thymian, Lorbeerblatt
Salz, Pfeffer
2 Glas Fleischbrühe
150 g Champignons

Schneiden Sie das Fleisch in Würfel und braten Sie es in einem Topf mit Butter schön goldbraun an. Unter Rühren Mehl darüber stäuben, den zerdrückten Knoblauch, die feingehackten Zwiebeln, die geschälten, in Stücke geschnittenen Tomaten, Thymian und Lorbeer dazufügen, mit Salz und Pfeffer würzen, den Wein und etwa die doppelte Menge Wasser oder Fleischbrühe aufgießen. Lassen Sie das Fleisch zugedeckt auf kleiner Flamme eineinhalb Stunden lang in der Sauce schmoren, nehmen Sie es dann vom Feuer, geben Sie die geputzten, aber nicht gewaschenen Champignons dazu und lassen Sie sie noch eine Viertelstunde mitgaren.
Reichen Sie Kartoffelpüree oder Teigwaren zum Kalbsragout Marengo.

Der passende Wein: Pomerol (Bordeaux); Brouilly (Beaujolais).

Blanquette de veau
Kalbsfrikassee

▶

Für 6 Personen:

1 kg Kalbfleisch (Schulter, Brust oder Nuß)
150 g geräucherter Speck
1 EL Öl
3 Zwiebeln
6 Karotten
150 g Champignons
Salz, Pfeffer, Thymian und Lorbeerblätter
2 EL Butter
2 EL Mehl
Saft einer halben Zitrone
2 Eigelb, 2 bis 3 EL Sahne

Das in etwa fünfzehn Würfel geschnittene Fleisch wird zusammen mit dem kleingewürfelten Räucherspeck in heißem Öl oder in Butter rundum angebräunt. Geben Sie feingehackte Zwiebeln, geputzte Karotten und Champignons dazu, würzen Sie mit Salz, Pfeffer, Thymian, ein oder zwei Lorbeerblättern und gießen Sie soviel Wasser in den Topf, daß das Fleisch bedeckt ist. Zugedeckt eine Stunde lang kochen lassen, dann Thymianzweig und Lorbeerblätter entfernen. Fleisch und Gemüse herausnehmen und die Brühe noch etwas einkochen lassen. Aus Butter und Mehl bereiten Sie nun eine Einbrenne, die Sie mit der Brühe aufgießen, einmal aufkochen und kurz vor dem Anrichten mit Zitronensaft und in Sahne verrührtem Eigelb abschmecken, und über das Fleisch und das Gemüse gießen. Dazu: Reis oder Teigwaren.

Der passende Wein: ein leichter Rotwein.

Épaule de veau farcie à l'œuf
Gefüllte Kalbsschulter

Für 6 Personen:

1 Kalbsschulter
Salz, Pfeffer
3 Eier
100 g Semmelbrösel
1 Tasse Bouillon
1 EL Schweineschmalz
1 Tasse gehackte Petersilie
75 g Butter
Wasser oder Bouillon

Die Kalbsschulter wird ausgebeint und von allen Seiten mit Salz und Pfeffer eingerieben. Die Eier kocht man hart, schreckt sie ab und schält sie. Die Semmelbrösel werden mit einer Prise Salz und Pfeffer, Bouillon, Schweineschmalz und Petersilie gut vermengt. Zwei der Eier werden, feingehackt, unter die Farce gemischt, die man dann in die Kalbsschulter füllt. Geben Sie das dritte harte Ei in die Mitte und nähen Sie die Schulter sorgfältig zu. In einem Topf mit heißer Butter wird sie auf mittlerer Flamme gar geschmort, von Zeit zu Zeit gießt man etwas Wasser oder Bouillon dazu. Sie können die gefüllte Kalbsschulter aber auch im Backofen gar braten. Dauer: eineinhalb Stunden.

Jarret de veau au citron
Kalbshaxe mit Zitronensauce

Für 4 Personen:

2 Kalbshaxen
2 Zwiebeln
5 Karotten
1 Stange Bleichsellerie
50 g Butter
5 Tomaten
Salz, Pfeffer
Lorbeerblatt
¼ l Weißwein
3 Zitronen
etwas Fleischbrühe

Die Kalbshaxen werden ganz oder in Scheiben zersägt mit Zwiebeln, Karottenscheibchen und dem kleingeschnittenen Sellerie in einem Topf in heißer Butter angebräunt. Dann werden die geschälten Tomaten, Salz, Pfeffer, Lorbeerblatt und die geriebene Schale einer ungespritzten Zitrone dazugegeben. Gießen Sie Wein und ein Glas Wasser darüber und lassen Sie alles zugedeckt eine Stunde langsam schmoren. Das Fleisch und das Gemüse werden mit einer Schaumkelle aus der Sauce gehoben und warmgestellt, die Sauce verrührt man mit dem Saft von drei Zitronen und einem guten Schuß Brühe und gießt sie über das Fleisch. Reichen Sie Reis dazu.

Carré d'agneau aux herbes
Lammkarree mit Kräutern

Für 4 Personen:

1 Lammkarree von 8 Koteletts
Salz, Pfeffer
25 g Butter
Thymian
Lorbeerblätter
Rosmarin
Öl

Die Kräuter werden fein gehackt, das Fleisch zuerst mit Salz und Pfeffer, dann mit Butter eingerieben und zuletzt von allen Seiten mit den Kräutern bestreut. Nun wird es in heißem Öl unter mehrmaligem Wenden etwa eine halbe Stunde lang im Ofen gebraten und mit Bratkartoffeln und provenzalischen Tomaten aufgetragen.
Provenzalische Tomaten:
Feste Tomaten werden halbiert und kreuzweise eingeschnitten. Man drückt feingehackte Kräuter (Thymian, Petersilie) und zerdrückte Knoblauchzehe in die Schnittflächen, träufelt etwas Öl darüber und schiebt sie für gute zehn Minuten in den Ofen oder unter den Grill.

Der passende Wein: Beaujolais.

Côtes d'agneau à la tomate (Provence)
Lammkoteletts mit Tomaten

Für 4 Personen:

4 Lammkoteletts
50 g Butter
2 Schalotten
4 Tomaten
2 Knoblauchzehen
1 Lorbeerblatt
Salz, Pfeffer
Öl
Oliven

Lassen Sie in einem Topf mit Butter feingehackte Zwiebeln glasig werden, fügen Sie die geschälten, in Stücke geschnittenen Tomaten, den feingehackten Knoblauch, ein Lorbeerblatt, Salz und Pfeffer hinzu. Dämpfen Sie das Gemüse, bis die Tomaten ganz zergangen sind. Separat braten Sie in heißem Öl in einer Pfanne die gesalzenen und gepfefferten Lammkoteletts (nicht länger als drei Minuten auf jeder Seite). Servieren Sie die Koteletts mit der Tomatensauce übergossen und mit Oliven garniert.

Der passende Wein: Rosé Provençal, Rosé Corse.

Gigot en croûte
Lammkeule im Teigmantel

Für 8 Personen:

1 Lammkeule	600 g Mürbteig (Rezept S.10)
6 Knoblauchzehen	1 kg Wurstbrät
Salz, Pfeffer	Thymian
50 g Butter	1 Ei

Die Lammkeule wird mit Knoblauchzehen gespickt, mit Salz und Pfeffer bestreut, dick mit Butter eingerieben und in einer Pfanne in den heißen Backofen geschoben. Es empfiehlt sich, die Keule von Zeit zu Zeit mit dem sich bildenden Bratfond zu begießen. Nach einer Dreiviertelstunde nimmt man sie aus dem Ofen, entfettet den Bratfond und stellt ihn beiseite. Nun bereiten Sie den Teig und rollen die Hälfte davon, entsprechend dem Fleischstück, auf einem Brett aus. Vermischen Sie das Wurstbrät mit zerriebenem Thymian und einer Prise Pfeffer und belegen Sie den Teig damit. Darauf wird die abgekühlte Lammkeule gelegt, die man mit dem Rest der Farce bestreicht und mit der anderen Hälfte des ausgerollten Teiges zudeckt. Pressen Sie die Ränder zusammen und verzieren Sie die Oberfläche des Teigmantels mit blattförmig ausgeschnittenen Teigstückchen. In die Mitte machen Sie eine kleine Abzugsöffnung, bestreichen die Oberfläche mit Eigelb und backen die Lammkeule bei mittlerer Hitze eine Stunde im Ofen. Wenn der Teig zu schnell bräunen sollte, decken Sie ihn mit einem Blatt buttergetränktem Papier ab. Servieren Sie grüne Bohnen, im Bratfond erwärmt, und Kartoffelkroketten.

Der passende Wein: roter Burgunder.

Gigot en braillouse (Poitou-Charente)
Lammkeule mit Knoblauch

Für 6 Personen:

1 kleine Lammkeule
1,5 kg Kartoffeln
½ kg Speckschwarte
Salz, Pfeffer
4 Knoblauchzehen

Die Kartoffeln werden geschält und in Scheiben geschnitten; der Boden eines großen Topfes wird mit Speckschwarten ausgelegt, auf die man die Kartoffelscheiben schichtet. Streuen Sie Salz und Pfeffer dazwischen. Spicken Sie dann die Lammkeule mit geschälten, halbierten Knoblauchzehen und geben Sie sie auf die Kartoffeln. Legen Sie einen festschließenden Deckel auf den Topf und garen Sie die Lammkeule, ohne ihn abzuheben, bei mittlerer Hitze zwei Stunden im Backofen. Die Kartoffeln saugen so den Fleischsaft auf und werden wie das Fleisch im Dampf gar. Nach zwei Stunden schalten Sie den Herd aus und lassen den Topf zugedeckt noch im Rohr stehen, bis es Zeit ist, die Hammelkeule (im selben Kochtopf) aufzutragen.
»Gigot en braillouse« heißt im Dialekt der Charente: »Weinende Lammkeule«.

Der passende Wein: roter Bordeaux oder Burgunder.

Brochettes d'agneau
Lammspießchen

Für 4 Personen:

500 g Lammfleisch
Salz, Pfeffer
Thymian
Öl

Schneiden Sie das Fleisch in Würfel und würzen Sie
mit Salz und Pfeffer. Stecken Sie die Fleischwürfel auf
Spieße, bestreuen Sie sie mit verriebenem Thymian
und pinseln Sie es von allen Seiten gut mit Öl ein.
Grillen Sie die Spießchen langsam über Holzkohlenglut oder im Grill. Damit das Fleisch nicht trocken wird,
befeuchten Sie es während des Grillens wiederholt mit
dem geölten Pinsel.

Der passende Wein: Médoc (Bordeaux) oder ein
Beaujolais.

Cassoulet
Bohnentopf

Für 6 Personen:

1 kg weiße Bohnen
150 g Speck
Salz, Pfeffer
2 Zwiebeln
2 Karotten
250 g Hammelbrust
500 g gepökeltes Gänsefleisch
½ kg Knoblauchwurst
3 Tomaten
3 Knoblauchzehen
Semmelbrösel

Die Bohnen werden am Vorabend in Wasser eingeweicht. Am nächsten Tag legen Sie eine Terrine
oder einen gußeisernen Topf mit Speckscheiben aus,
geben die Hälfte der Bohnen, deren Wasser Sie ab-
gegossen haben, darauf, fügen Salz, Pfeffer, die grobgehackten Zwiebeln sowie die Karottenscheiben, die
in Stücke geschnittene Hammelbrust, das zerkleinerte Gänsefleisch und die Wurst hinzu. Verteilen Sie
den Rest der Bohnen darüber, Pürieren Sie die geschälten Tomaten und verrühren Sie sie mit den zerdrückten Knoblauchzehen, schmecken Sie das Püree
mit Salz und Pfeffer ab und schütten Sie es über die
Bohnen. Obenauf kommt eine Schicht Semmelbrösel
und Gänsefett. Garen Sie das Cassoulet bei schwacher
bis mittlerer Hitze gut zwei Stunden im Ofen. Es wird
in dem irdenen Topf, der »Cocotte«, serviert.

Der passende Wein: Cahors oder Madiran.

Jambon à la crème
Schinken in Sahnesauce

Für 6 Personen:

6 dicke Scheiben Bayonner Schinken (roh)
Pfeffer
2 Glas Muskatwein
¼ l Sahne

Sie schichten in einer großen Schmorpfanne den in Scheiben geschnittenen Schinken übereinander, übergießen ihn mit Wein und streuen etwas Pfeffer darüber. Das Ganze läßt man eine Dreiviertelstunde auf kleinster Flamme schmoren. Dann wird der Schinken herausgenommen und warmgehalten, während man die Sauce noch etwas einkochen läßt und vor dem Anrichten mit Sahne bindet.
Dazu ißt man Spinat oder Kartoffeln, in der Schale gekocht.

Der passende Wein: Chablis (weißer Burgunder); Sancerre; Brouilly (Beaujolais).

Palette fumée aux lentilles
Schweineschulter mit Linsen ▶

Für 6 Personen:

1 kleiner geräucherter Vorderschinken
500 g Linsen
Thymian und Lorbeerblatt
4 Karotten
3 Zwiebeln
2 Nelken
Salz und Pfeffer

Weichen Sie die Linsen für eine Stunde in kaltem Wasser ein, gießen Sie dann das Einweichwasser ab und setzen Sie sie mit viel frischem Wasser aufs Feuer. Geben Sie einen Thymianzweig und ein Lorbeerblatt, Karotten und mit Nelken gespickte Zwiebeln dazu, würzen Sie mit einer Prise Salz und Pfeffer und lassen Sie alles eine Dreiviertelstunde kochen. Die Schweineschulter (bzw. der Vorderschinken) wird in einem anderen Topf in reichlich Wasser gekocht, nach einer Dreiviertelstunde herausgenommen, zu den Linsen gegeben und auf kleiner Flamme gargekocht. Wenn die Linsen alles Wasser aufgesogen haben, ist das Gericht fertig.

Der passende Wein: Morgon rouge (Beaujolais) oder Burgueil (Touraine).

Andouilettes grillées (Île-de-France)
Gegrillte Würstchen

Für 4 Personen:

4 Schweinsbratwürste
Salz, Pfeffer

Schneiden Sie jedes Würstchen mit einem spitzen Messer ein wenig ein, damit es beim Braten nicht platzt, streuen Sie Salz und Pfeffer darüber und grillen Sie die Würstchen im Grill oder über Holzkohlenglut unter öfterem Wenden, bis sie schön knusprig braun und gar sind. Mit Senf, Pommes frites oder Bratkartoffeln servieren.

Der passende Wein: Chablis (weißer Burgunder) oder ein roter Bordeaux.

Tripes à la mode de Caën (Normandie)
Kutteln auf die Art von Caën

Für 4 Personen:

600 g Kutteln
60 g Butter
3 Karotten, 3 Zwiebeln
100 g geräucherter magerer Speck
2 Knoblauchzehen
2 Nelken
Thymian, Lorbeerblätter, Petersilie
1 Kalbsfuß
Salz und Pfeffer
1 Flasche Weißwein
1 große Speckschwarte

Die Kutteln werden mit viel Wasser gründlich gewaschen und dann in kochendem Wasser blanchiert. Indessen läßt man in einem schweren eisernen Topf die Zwiebeln, den würfelig geschnittenen Speck und die kleingeschnittenen Karotten in Butter leicht anbraten und fügt den zerdrückten Knoblauch, Nelken, Thymian, ein Lorbeerblatt und Petersilie hinzu. Der Kalbsfuß wird der Länge nach gespalten und mit den blanchierten, abgetropften Kutteln in den Topf gegeben. Würzen Sie mit etwas Salz und Pfeffer, gießen Sie den Weißwein auf, und bedecken Sie alles mit einer Speckschwarte. Der Topf wird hermetisch abgeschlossen, indem Sie den Deckel mit einem Kleister aus Mehl und Wasser festkleben. Garen Sie die Kutteln im Backofen bei schwacher Hitze sieben Stunden lang. Das Gericht muß sehr heiß serviert werden.

Das passende Getränk: Zider (Apfelwein) oder Muscat.

Rognons à la crème
Nieren in Sahnesauce

Für 4 Personen:

4 Kalbsnieren
25 g Butter
Salz, Pfeffer
2–3 EL Sahne
1 EL Portwein
½ TL Stärkemehl

Lassen Sie die gewässerten Nieren in einem Topf mit Butter langsam schmoren. Wenn sie gar sind, geben Sie Salz und Pfeffer darüber, nehmen den Topf vom Herd, schneiden die Nieren in dünne Scheiben und geben sie zurück in die sorgsam entfettete Sauce. Das Stärkemehl mit Sahne und Portwein verrühren, die Sauce damit binden, noch einmal aufwallen lassen und die Nieren sofort servieren.

Der passende Wein: Côte-de-Beaune.

Boudin aux pommes
Blutwurst mit Äpfeln (Normandie)

Für 4 Personen:

4 Blutwürste
1 kg Äpfel
100 g Butter
Salz, Pfeffer

Die Äpfel werden geschält, geviertelt und in einer Pfanne mit 75 g Butter bei kleiner Hitze gargedämpft. Braten Sie die mit Salz und Pfeffer gewürzten Blutwürste in einer anderen Pfanne mit dem Rest der Butter braun und knusprig. Wenden Sie die Äpfel behutsam, ohne sie zu zerdrücken und richten Sie Blutwürste und Äpfel zusammen an.

Das passende Getränk: Zider (Apfelwein), Burgueil (Touraine) oder ein Beaujolais.

Les salades - Salate

Salade frisée à l'ail
Eissalat mit Knoblauch

Für 4 Personen:

150 g Mehl
200 g Butter
Salz, Pfeffer
2 Knoblauchzehen
150 g Sardellen
1 Ei
1 großer Kopf krauser Eissalat
Öl
Essig

Bereiten Sie einen mürben Butterteig aus Mehl, der Hälfte der Butter, Salz, Pfeffer und einer zerdrückten Knoblauchzehe, rollen Sie ihn aus, belegen Sie ein gebuttertes Backblech damit. Er wird zur Hälfte mit einer Sardellenpaste aus pürierten Sardellen und etwas schaumig gerührter Butter bestrichen. Man klappt die andere Teighälfte darüber, bestreicht die Oberfläche mit Eigelb und bäckt den Sardellenkuchen bei guter Hitze im Ofen. Der noch heiße, goldgelb gefärbte Kuchen wird in kleine Vierecke geschnitten. Inzwischen haben Sie den Salat gewaschen und gut abtropfen lassen. Machen Sie ihn mit einer Vinaigrette aus Öl, Essig, Salz, Pfeffer und einer zerdrückten Knoblauchzehe an. Servieren Sie die warmen Sardellen-Karrees zum Salat.

Salade de pissenlits au lard
Löwenzahnsalat mit Speck

Für 4 Personen:

250 g Löwenzahn
150 g geräucherter Speck
Salz, Pfeffer
2 EL Öl
2 EL Essig
2 hartgekochte Eier (nach Belieben)

Waschen und putzen Sie den Löwenzahn, lassen Sie die großen, harten Blätter weg und geben Sie die gut abgetropften zarten Blätter in eine Schüssel. Braten Sie den kleingeschnittenen Speck in einem Löffel Öl knusprig und rösch, geben Sie Essig, Salz, Pfeffer und noch einen Eßlöffel Öl dazu und gießen Sie die warme Sauce über den Salat. Garnieren Sie ihn, nach Belieben, mit Scheiben von hartgekochten Eiern.

Der passende Wein: ein Beaujolais.

120

Salade Niçoise

Für 4 Personen:

6 Tomaten
6 Eier
8 Sardellenfilets
2 Paprikaschoten
2 Scheiben Schinken
100 g Oliven
Salz, Pfeffer
Öl, Essig

Die Eier werden hart gekocht und abgeschreckt. Wenn sie abgekühlt sind, werden sie geviertelt und mit Tomatenvierteln, in feine Streifen geschnittenen Paprikaschoten, in Würfel geschnittenem Schinken und mit schwarzen und grünen Oliven auf einer flachen Platte angerichtet. Bereiten Sie eine gut mit Salz und Pfeffer gewürzte Salatsauce und gießen Sie sie unmittelbar vor dem Servieren über den Salat.
Sie können, der Jahreszeit entsprechend, auch kalte, frischgekochte grüne Bohnen zum Salat geben.

Salade de cervelas
Wurstsalat (Elsaß)

Für 4 Personen:

1 Ei
½ kg Wurst (Zervelat, Lyoner)
2 Schalotten
Öl, Essig
Salz, Pfeffer
Petersilie

Kochen Sie das Ei acht bis zehn Minuten lang und legen Sie es dann zum Abkühlen in kaltes Wasser. Schälen Sie es, trennen Sie das Eigelb vom Eiweiß. Die enthäutete Wurst wird in feine Scheiben geschnitten, die Schalotten hackt man ganz fein. Legen Sie die Wurstscheiben in eine Schale und übergießen Sie sie mit einer Sauce aus Öl und Essig, die sie mit dem zerdrückten Eigelb, Salz, Pfeffer, Schalotten und feingehackter Petersilie verrührt haben. Das gehackte Eiweiß kann man über den fertigen Salat streuen, der eine Weile in der Sauce ziehen soll.

Salade de pois chiches
Kichererbsen-Salat

Für 4 Personen:

500 g gekochte Kichererbsen
2 Eier
2 Tomaten
2 Schalotten
Petersilie
Salz, Pfeffer
Öl, Essig

Die Kichererbsen werden gekocht, abgetropft, und, nachdem sie abgekühlt sind, auf einer Platte angerichtet. Man umlegt sie mit Tomatenvierteln und harten, in Scheiben geschnittenen Eiern. Bereiten Sie eine Sauce aus Öl, Essig, Salz, Pfeffer, fügen Sie gehackte Schalotten und Petersilie hinzu, und übergießen Sie die Erbsen damit. Ziehen lassen.

Salade de bœuf
Fleischsalat

Für 4 Personen:

400 g Suppenfleisch (Rindfleisch)
2 Pellkartoffeln
2 Tomaten
12 Cornichons
2 Schalotten
Öl, Essig
Salz, Pfeffer
Senf
1 Knoblauchzehe
Petersilie

Verwenden Sie Reste von gekochtem Suppenfleisch, entfernen Sie Fett und Sehnen und schneiden Sie es in kleine Würfel. Gekochte Kartoffeln schälen, in Stücke schneiden und mit Tomatenvierteln, in Scheibchen geschnittenen Cornichons, gehackten Schalotten und dem Fleisch in eine Salatschüssel geben. Rühren Sie aus Essig, Öl, Salz, Pfeffer und ein wenig Senf eine Sauce, die sie, mit gehacktem Knoblauch und Petersilie vermischt, vor dem Servieren über den Salat gießen.

Salade d'endives aux noix
Chicoréesalat mit Nüssen

Für 4 Personen:

500 g Chicorée
20 Walnüsse
100 g Gruyère
Öl und Essig
Salz, Pfeffer
2 EL Fleischbrühe

Den Chicorée waschen, das bittere Ende anschneiden, kleinschneiden und mit den gehackten Nüssen und dem würfelig geschnittenen Gruyère in eine Schüssel geben und mischen. Aus Essig und Öl, Salz und Pfeffer bereiten Sie eine Salatsauce, rühren etwas magere Fleischbrühe dazu und übergießen den Salat kurz vor dem Servieren damit.
Kurioserweise nennen die Franzosen das Gemüse, das bei uns Chicorée heißt, »endives«, während unsere Endivien in Frankreich »chicorée« sind.

Salade de betteraves à la crème
Rote-Rüben-Salat mit Sahne

Für 6 Personen:

700 g Rote Bete
3 EL Sahne
Saft einer ½ Zitrone
1 TL Senf
Salz, Pfeffer
Petersilie, Schnittlauch

Die roten Bete werden in Salzwasser gekocht oder im Ofen bei schwacher Hitze gebacken, bis sie weich sind, und nach dem Erkalten geschält und in kleine Würfel geschnitten. Bereiten Sie eine Sauce aus Zitronensaft, Senf, Salz, Pfeffer und gehackten Kräutern, übergießen Sie damit die roten Bete und vermischen Sie Sauce und Salat vor dem Anrichten.

Salade de poivrons
Paprikasalat

Für 6 Personen:

12 kleine grüne Zwiebeln
3 Karotten
2 Stangen Sellerie
2 rote Paprikaschoten
2 gelbe Paprikaschoten
1 Glas Öl
2 Glas Weißwein
Saft einer Zitrone
Petersilie
Salz, Pfeffer
4 Cornichons
1 scharfe rote Pfefferschote

Die Gemüse werden gewaschen und kleingeschnitten,
die jungen Zwiebeln kleingehackt. Dünsten Sie die
Gemüse zehn Minuten lang in heißem Öl, geben Sie
Weißwein und Zitronensaft, gehackte Petersilie, je
eine Prise Salz und Pfeffer dazu und lassen Sie das
Gemüse, zugedeckt, auf kleiner Flamme eine halbe
Stunde lang dünsten. Servieren Sie den Paprikasalat
gut gekühlt mit Cornichons und Paprikapulver garniert.

Salade céleri et pommes
Selleriesalat mit Äpfeln

Für 4 Personen:

1 Selleriestaude
2 Äpfel
20 Nüsse
200 g Mimolette (oder Holländer, Emmentaler)
Salz, Pfeffer
Öl
Essig oder Zitrone

Waschen und putzen Sie den Sellerie und schneiden
Sie ihn in Stücke. Die Äpfel werden ebenfalls klein-
geschnitten, die Nüsse geschält und grob gehackt,
der Käse wird in Würfelchen geschnitten. Rühren Sie
eine Sauce aus Salz, Pfeffer, Öl und Essig (oder
Zitronensaft) und geben Sie die Sauce kurz vor dem
Servieren über den in einer Schüssel mit Äpfeln und
Nüssen vermischten Sellerie.

Salade de champignons crus
Champignonsalat

Für 4 Personen:

250 g weiße Champignons
1 Zitrone
Olivenöl
Salz, Pfeffer
Petersilie

Die Champignons werden mit einer Bürste gesäubert, gewaschen und mit einem Handtuch abgetrocknet. Man schneidet sie in sehr dünne Scheibchen und netzt sie mit etwas Zitronensaft, damit sie nicht braun werden. Aus Olivenöl, dem restlichen Zitronensaft, Salz und Pfeffer und etwas feingehackter Petersilie bereitet man eine Salatsauce, vermischt sie mit den Champignons und läßt den Salat vor dem Servieren eine Stunde ziehen.

Salade de chou rouge
Rotkohlsalat

Für 6 Personen:

½ Kopf Rotkohl
100 g trockener Weißkäse (Schichtkäse)
1 Tasse Schnittlauch
Salz, Pfeffer
Öl und Essig

Putzen Sie den Kohl, schneiden Sie den Strunk heraus und raffeln Sie den Kohl fein. Bereiten Sie aus Öl, Essig, viel Salz und Pfeffer eine Salatsauce, geben Sie reichlich Schnittlauch hinein und mischen Sie die Sauce mit dem Kohl und zerpflücktem Weißkäse. Etwas ziehen lassen.

Les volailles - Geflügel

Poule au pot
Huhn im Topf

Für 4 Personen:

1 Suppenhuhn von etwa 1,8 kg
2 Karotten
2 Stangen Porree
3 Zwiebeln
3 weiße Rüben
1 Selleriestange
1 Kräutersträußchen
Salz, Pfeffer

Lassen Sie eine der ganzen Zwiebeln im Ofen rösten ohne sie zu verbrennen. Dressieren Sie inzwischen das geputzte Huhn und setzen Sie es in kaltem Salzwasser zu. Abschäumen, wenn das Wasser zu kochen beginnt, die geputzten Gemüse, das Kräutersträußchen und die geröstete Zwiebel dazugeben, mit etwas Salz und Pfeffer nachwürzen und das Huhn eineinhalb Stunden auf kleiner Flamme kochen lassen. Den Deckel nicht ganz schließen, damit etwas Dampf entweichen kann und die Brühe konzentrierter wird. Wenn alles gar ist, nehmen Sie das Gemüse und das Huhn aus der Brühe, zerlegen das Huhn in Portionsstücke (zwei Keulen, zwei Flügel, das Brustfleisch in vier Teile), schneiden das Gemüse klein und richten alles auf einer vorgewärmten Platte an. Die Brühe wird durchgeseiht und gesondert in einer Terrine aufgetragen. Dazu reicht man Weißbrot und Cornichons.

Poulet quarante gousses d'ail ▶
Huhn »vierzig Knoblauchzehen«

Für 4 Personen:

1 großes ausgenommenes junges Brathuhn
Salz
Thymian, Lorbeerblätter
40 Knoblauchzehen
Olivenöl
Brot

Dressieren Sie das Brathuhn, nachdem Sie es mit Salz ausgerieben und mit Thymian und Lorbeer gefüllt haben. Legen Sie es in einen gußeisernen oder irdenen Topf, umgeben sie es mit vierzig ungeschälten Knoblauchzehen und gießen Sie einige Eßlöffel voll Öl darüber. Das Huhn zugedeckt bei mäßiger Hitze im Ofen in eineinhalb Stunden gar braten lassen. Dann werden Landbrotscheiben geröstet, mit den weichen Knoblauchzehen bestrichen und zum Huhn serviert, das man im Bratgefäß aufträgt. Sie werden erstaunt sein: der in der Schale gegarte Knoblauch ist weder scharf noch intensiv im Geruch, sondern schmeckt köstlich mild.

Der passende Wein: Beaujolais, Médoc.

Poulet basquaise
Baskisches Hähnchen

Für 4 Personen:

1 großes Hähnchen
Salz, Pfeffer
2 EL Mehl
3 EL Gänsefett
4 Tomaten
1 Schalotte
4 grüne Paprikaschoten
100 g Bayonner Schinken (roh)
1 Glas Weißwein

Schneiden Sie das gesäuberte Hähnchen in Stücke,
die Sie salzen, pfeffern und in Mehl wälzen. Erhitzen
Sie Gänseschmalz in einem großen Topf und braten
Sie die Hühnerstücke von allen Seiten goldgelb.
Geben Sie die geschälten, zerdrückten Tomaten, die
feingehackte Schalotte, die in Streifen geschnittenen
entkernten Paprikaschoten und den würfelig geschnittenen Schinken zum Fleisch und gießen Sie
den Weißwein auf. Zugedeckt auf kleiner Flamme
eine halbe Stunde lang garen lassen.
Die Hühnerstücke werden auf einer vorgewärmten
Platte angerichtet, mit der Sauce übergossen und mit
Reis, Teigwaren oder Kartoffeln aufgetragen.

Der passende Wein: Madiran.

Poulet frit
Backhähnchen

Für 4 Personen:

1 Brathähnchen
Salz und Pfeffer
Thymian und Lorbeerblatt
50 g Mehl
2 Eier
Semmelbrösel
Fritieröl

Sie zerteilen das Hähnchen in Stücke, salzen und
pfeffern es, bestreuen die Stücke mit zerriebenem
Thymian und Lorbeerblatt und tauchen sie nachein-
ander in Mehl, verquirlte Eier und Semmelbrösel.
Backen Sie die Stücke in Öl schwimmend goldgelb
und nehmen Sie sie mit dem Schaumlöffel heraus.
Dazu paßt Kartoffelpüree oder frisches Frühlings-
gemüse (Erbsen, grüne Bohnen, neue Karotten).
Dies ist ein schnell bereitetes, festliches Gericht.

Der passende Wein: Brouilly (Beaujolais).

Poulet au champagne
Champagnerhühnchen

Für 4 Personen:

1 großes Brathühnchen
50 g Butter
Salz, Pfeffer
1 TL Mehl
2 EL Cognac
1 Tomate
150 g kleine Champignons
½ Flasche Champagner
⅕ l frische Sahne

Schneiden Sie das Hähnchen in Stücke, die Sie in heißer Butter anbraten und mit Salz und Pfeffer abschmecken. Das goldgelb geröstete Fleisch wird mit Mehl bestäubt und mit Cognac flambiert, man gibt die geschälte, zerdrückte Tomate, die ebenfalls geschälten Champignons dazu, löscht mit Champagner ab und läßt das Ganze zwanzig Minuten dünsten. Vor dem Anrichten wird die Sauce mit Sahne gebunden. Nehmen Sie guten, keinen allzu säuerlichen Champagner und eine schöne, reife Tomate, damit dieses Rezept gelingt.

Der passende Wein: Champagner.

Poulet aux morilles
Brathähnchen mit Morcheln

Für 4 Personen:

1 Brathähnchen
50 g Butter
Salz, Pfeffer
1 EL Mehl
1 Glas Wein oder Bouillon
300 g Morcheln
⅛ l Sahne

Das Hähnchen wird in Stücke geschnitten und in Butter von allen Seiten goldgelb angebraten. Man salzt und pfeffert es, bestäubt es mit Mehl und rührt dabei fleißig. Löschen Sie mit einem Glas Wein oder Bouillon, geben Sie die Morcheln dazu und lassen Sie alles eine halbe Stunde lang zugedeckt schmoren. Die Sauce wird vor dem Anrichten mit Sahne gebunden.

Poulet aux champignons
Huhn mit Champignons

Für 4 Personen:

1 großes Brathähnchen (Poularde)
50 g Butter
1 EL Mehl
1 Gläschen Cognac
Salz, Pfeffer
1 Kräutersträußchen
300 g Champignons
2 Zwiebeln
½ l trockener Weißwein
2 Eigelb
2–3 EL frische Sahne

Bräunen Sie das in Stücke geschnittene Huhn in Butter goldgelb, bestäuben Sie es mit Mehl und flambieren Sie mit Cognac. Würzen Sie mit Salz und Pfeffer,
geben Sie ein Kräutersträußchen, die Champignons
und die feingehackten Zwiebeln dazu, löschen Sie
mit Weißwein ab und lassen Sie das Ganze auf kleiner
Flamme eine Stunde lang schmoren. Zum Schluß
wird die Sauce mit einer Mischung aus Eigelb und
Sahne gebunden; sie darf nicht mehr kochen. Gleich
servieren.
Der passende Wein: ein trockener Weißwein (z. B.
Chablis).

Poulet sauté au curry
Curryhuhn

Für 4 Personen:

1 Poularde
50 g Butter
Salz, Pfeffer
Thymian
1 TL Currypuder
½ l Geflügel- oder Gemüsebouillon
1 TL Stärkemehl
3 EL Sahne

Bräunen Sie das in Stücke zerlegte Huhn leicht in Butter an und geben Sie Salz, Pfeffer, zerriebenen Thymian und Curry dazu. Mit Bouillon ablöschen und
eine Dreiviertelstunde sachte schmoren lassen. Dann
werden die Hühnerstücke aus dem Topf genommen
und die Sauce noch etwas eingekocht. Verrühren Sie
einen Teelöffel Stärkemehl mit der Sahne und binden
Sie die Sauce damit. Zum Schluß das Hühnerfleisch
mit der Sauce übergießen und heiß mit Curryreis
servieren.

Coq en pâte
Hahn im Teigmantel

Für 5 Personen:

Mürbteig
1 Hähnchen von 1,5 kg Gewicht
Salz, Pfeffer
40 g Butter
Thymian, Lorbeerblätter
1 Eigelb
Für den Teig:
200—250 g Mehl
100—150 g Butter
etwas Wein
Salz

Kneten Sie aus Mehl, Butter, Salz und etwas Wein rasch einen Mürbteig und lassen Sie ihn eine halbe Stunde im Kühlschrank ruhen. Dann wird das mit Salz und Pfeffer gewürzte und gut mit Butter bestrichene Hähnchen in den heißen Backofen geschoben und in ½ Stunde gar gebraten. Füllen Sie Thymian und Lorbeerblätter in den Bauch des abgekühlten Hähnchens, legen Sie es auf den ausgerollten Teig und hüllen Sie es ein. Verzieren Sie die Oberfläche mit Teigmotiven und bestreichen Sie den Teig mit Eigelb. Das Hähnchen im Teigmantel wird eine gute halbe Stunde lang im Ofen goldgelb gebacken und heiß bei Tisch aufgeschnitten. Das Fleisch hat das Aroma der Kräuter aufgenommen, es duftet und schmeckt köstlich, wenn Sie es mit reichlich Thymian und Lorbeer gefüllt haben.

Der passende Wein: ein leichter Rotwein.

Poulet à la crème
Hühnchen in Sahnesauce

Für 4 Personen:

1 Hühnchen oder 1 Poularde von 1,5 kg
50 g Butter
1 Karotte
1 Zwiebel
2 EL Mehl
Salz, Pfeffer
¼ l Bouillon
1 Eigelb
⅛ l Sahne

Schneiden Sie das Hühnchen in Stücke und braten Sie es zusammen mit der Karotte und der Zwiebel in heißer Butter an. Bestäuben Sie es mit Mehl und wenden Sie die Fleischstücke dabei mit einem Holzlöffel. Je eine Prise Pfeffer und Salz dazugeben und alles unter Rühren mit der Bouillon ablöschen. Zugedeckt eine knappe halbe Stunde auf kleiner Flamme dünsten lassen. Dann die Fleischstücke aus der Brühe nehmen, warmstellen und die durchgeseihte, noch einmal aufgekochte Brühe mit Eigelb, das Sie in Sahne verquirlt haben, binden. Die Sauce darf nicht mehr kochen. Richten Sie das Hühnchenfleisch auf einer vorgewärmten Platte an und übergießen Sie es mit der Sahnesauce.

Der passende Wein: ein Beaujolais, zum Beispiel Brouilly.

Poulet aux girolles
Huhn mit Pfifferlingen

Für 4 Personen:

1 Brathähnchen
125 g geräucherter magerer Speck
50 g Butter
300 g Pfifferlinge
Salz, Pfeffer
1 Schalotte

Bräunen Sie den würfelig geschnittenen Speck in Butter an und geben Sie das zerteilte Hähnchen hinein. Wenn es rundum goldbraun ist, kommen die Pfifferlinge, eine Prise Salz und Pfeffer und die feingehackte Schalotte in den Topf. Lassen Sie das Ganze, zugedeckt, zwanzig Minuten auf kleiner Flamme schmoren, achten Sie aber darauf, daß das Hühnerfleisch nicht am Topfboden festkocht. Das können Sie durch die Zugabe von ein paar Löffeln Wasser oder Fleischbrühe verhindern. Der Fond soll jedoch möglichst einkochen und nicht zu dünnflüssig werden.
Dazu paßt Kartoffelpüree.

Poulet à l'estragon
Estragonhühnchen

Für 4 Personen:

1 großes Brathähnchen
50 g Butter
2 EL Öl
6 Schalotten
Salz, Pfeffer
Estragon
1 Glas trockener Weißwein
2 Eigelb
⅛ l Sahne

Das in Stücke zerlegte Hähnchen wird in Butter goldgelb angebraten; man gibt Öl und die kleingehackten Schalotten dazu, dünstet sie glasig und würzt mit Salz und Pfeffer. Nun legt man drei oder vier schöne Estragonzweige in den Topf, gießt den Weißwein auf und läßt das Huhn, zugedeckt, auf kleiner Flamme eine halbe Stunde lang schmoren. Dann nimmt man die Fleischstücke heraus und stellt sie warm. Zwei Estragonzweige werden feingewiegt, mit Eigelb und der Sahne verquirlt und in die durchgeseihte Sauce gerührt, die jetzt aber nicht mehr kochen darf, und die sogleich über das angerichtete Huhn gegossen wird.

Poulet au blanc
Huhn mit weißer Sauce

Für 4 Personen:

1 Huhn von 1,5 kg
2 Karotten
1 Porreestange
1 Zwiebel
Salz, Pfeffer
2–3 EL Mehl
75 g Butter
3 Eigelb
⅕ l Sahne

Das geputzte Gemüse wird mit zwei Liter Wasser aufgesetzt, man gibt eine Prise Salz und Pfeffer dazu und läßt es eine Dreiviertelstunde kochen. Das Huhn bereitet man vor, bindet es zusammen und kocht es etwa eine weitere Dreiviertelstunde in der Brühe mit. Wenn das Huhn gar ist, nimmt man es heraus, läßt es abtropfen und stellt es warm. Die Brühe läßt man noch etwas einkochen, und bindet sie nachdem sie etwas abgekühlt ist, mit einer Einbrenne aus Butter und Mehl. Vor dem Anrichten verquirlt man das Eigelb mit der Sahne und rührt es unter die Sauce, mit der man das auf einer Platte angerichtete Huhn begießt. Den Rest gibt man in eine Saucière.
Servieren Sie Reis zu diesem Gericht.

Der passende Wein: ein leichter roter Burgunder.

Dinde aux marrons
Pute mit Maronen

Für 8 Personen:

1 Pute von 3 kg
1 kg Kastanien
400 g Wurstbrät
½ Glas Cognac
100 g Trüffeln
Salz, Pfeffer
50 g Butter
2 Karotten
1 Zwiebel
¼ l Bouillon
½ Glas Weißwein

Die Kastanien werden geschält und in Wasser halb gargekocht. Ziehen Sie die braunen Häutchen von den noch festen Kastanien ab und mischen Sie ein Drittel davon mit Wurstbrät. Cognac, gehackte Trüffeln, eine Prise Salz und Pfeffer in die Farce mischen und die Pute damit füllen. Die Öffnung wird sorgfältig zugenäht, die Pute mit Butter bestrichen und in eine große Bratpfanne gelegt. Man umgibt sie mit geschälten, kleingeschnittenen Zwiebeln und Karotten, übergießt sie mit Bouillon und brät sie bei mittlerer Hitze eineinhalb Stunden im Ofen. Ab und zu mit dem Bratfond übergießen, und, falls sie zu schnell bräunen sollte, mit einer Speckschwarte belegen. Zuletzt wird der Bratfond mit etwas Brühe oder Wasser losgekocht, durch ein Sieb gegossen und mit einem halben Glas Weißwein vollendet. Die restlichen Kastanien erwärmen Sie in dieser Sauce und servieren sie zusammen mit der Pute.

Poulet sauté au citron
Hühnchen in Zitronensauce

Für 4 Personen:

1 Hühnchen
Salz, Pfeffer
50 g Butter
3 Karotten
1 Zwiebel
1 EL Mehl
¼ l Bouillon
2 Zitronen
1 Lorbeerblatt

Das in Stücke geschnittene, mit Salz und Pfeffer gewürzte Hühnchen brät man von allen Seiten an und gibt die geschälten und kleingeschnittenen Karotten und die Zwiebel dazu. Stäuben Sie etwas Mehl darüber, sobald die Zwiebel Farbe anzunehmen beginnt, und rühren Sie dabei fleißig mit einem Holzlöffel. Bouillon aufgießen, Saft und geriebene Schale einer Zitrone und ein Lorbeerblatt dazugeben und auf kleiner Flamme eine Dreiviertelstunde schmoren lassen. Kurz vor dem Anrichten wird der Saft der zweiten Zitrone in die Sauce gerührt. Man schmeckt ab und serviert das köstliche Gericht: das Hühnchen zergeht auf der Zunge und die Sauce schmeckt erfrischend-säuerlich.

Der passende Wein: aus dem Beaujolais, wie Brouilly, Chiroubles.

Coq au vin
Hähnchen in Wein (Burgund – Bresse)

Für 8 Personen:

1 junger Hahn
4 Zwiebeln
125 g geräucherter Speck
25 g Butter
3 EL Öl
Salz und Pfeffer
1 Gläschen Cognac
1 EL Mehl
1 Flasche roten Burgunder
ı Knoblauchzehe
100 g kleine Champignons
Thymian, Lorbeerblätter

Die geschälten Zwiebeln mit dem in Würfel geschnittenen Speck in Butter und Öl anbraten, dann das in Stücke zerteilte Hähnchen dazugeben, salzen, pfeffern und mit Cognac flambieren, sobald das Fleisch schön goldbraun ist. Mehl darüber stäuben und dabei kräftig rühren. Wein aufgießen, Knoblauch, Champignons und die Kräuter hineingeben. Lassen Sie das Ganze zugedeckt zwanzig Minuten dünsten, schmecken Sie ab und servieren Sie das Hähnchen in der Sauce (aus der die Kräuter entfernt wurden) zu gekochten Kartoffeln.

Der passende Wein: Morgon (Beaujolais) oder Côtes-de-Beaune (Burgunder).

Pigeons aux raisins
Tauben mit Traubensauce

Für 4 Personen:

4 Tauben
4 große dünne Speckscheiben
50 g Butter
Salz, Pfeffer
1 Gläschen Cognac
2 Glas Elsässer Weißwein
1 kg Muskatellertrauben

Braten Sie in heißer Butter die mit Speck umwickelten Tauben von allen Seiten goldgelb, würzen Sie mit Salz und Pfeffer und flambieren Sie mit Cognac. Mit Weißwein ablöschen und zugedeckt zwanzig Minuten schmoren lassen. Nach zehn Minuten werden die Speckscheiben entfernt und der Saft von 400 g Trauben dazugegeben. Wenn die Tauben gar sind, stellt man sie warm, gibt den Rest der entkernten Trauben in die Sauce und läßt sie noch etwa zehn Minuten einkochen. Die Tauben werden mit den Trauben garniert und mit der Sauce übergossen angerichtet.

Der passende Wein: Muscat d'Alsace.

Canard à l'orange
Ente mit Orangen

Für 4 Personen:

1 Ente von 2 kg
50 g Butter
2 Karotten
1 Zwiebel
1 Tomate
Thymian, Lorbeerblatt, Salz, Pfeffer
1 Glas Weißwein
1 EL Mehl
6 Stück Würfelzucker
½ Glas Weinessig
6 Orangen

Die Ente brät man in heißer Butter von allen Seiten schön goldgelb an, nimmt sie aus dem Topf und hält sie warm. Die Karotten werden feingeschnitten, die Zwiebeln gehackt, und mit der Tomate, Thymian, Salz und Pfeffer in der Butter gedünstet. Gießen Sie nach einer Viertelstunde den Weißwein auf und lassen Sie das Gemüse noch fünf Minuten schmoren. Ein Eßlöffel Mehl wird in etwas Wasser verrührt und dient zum Binden der Sauce, in die Sie die Ente zurücklegen. Während sie langsam gart, läßt man den Zucker mit einem Teelöffel Wasser in einem Töpfchen hellbraun karamelisieren, gibt unter Rühren den Essig, den Saft der Orangen und etwa drei Eßlöffel voll feinstreifig geschnittener Orangenschale dazu und läßt diese Sauce noch ein paarmal aufwallen. Der Bratfond wird vor dem Anrichten durch ein Sieb gegossen, mit der Orangensauce verrührt und über die auf einer vorgewärmten Platte angerichtete Ente gegeben.

Les gibiers - Wild und Wildgeflügel

◄ Canard sauvage aux navets
Wildente mit weißen Rübchen

Für 4 Personen:

2 Wildenten
200 g Butter
Salz, Pfeffer
1 Gläschen Cognac
Thymian, Lorbeerblätter
3 Zwiebeln
¼ l Bouillon
1,5 kg weiße Rüben (Mairübchen)
4 Stück Würfelzucker
2 EL Mehl

Braten Sie die gesäuberten Enten von allen Seiten in 100 g Butter an, würzen Sie mit Salz und Pfeffer, und flambieren Sie das schön gebräunte Fleisch mit Cognac. Thymian, Lorbeerblätter und feingehackte Zwiebeln dazugeben und die Bouillon aufgießen. Lassen Sie die Enten zugedeckt eine knappe Dreiviertelstunde schmoren. Inzwischen werden die Rübchen mit ganz wenig Wasser in der restlichen Butter gedämpft, man gibt nach einer halben Stunde den Zucker dazu und glasiert sie goldbraun. Zum Schluß wird der Bratfond der Enten mit Mehl, das Sie in etwas Wasser verrührt haben, gebunden, und man richtet die Enten, umgeben von den weißen Rübchen, begossen mit Sauce und mit Petersilie bestreut, auf einer vorgewärmten Platte an.

Der passende Wein: Pommard (roter Burgunder); Côtes-de-Beaune.

Canard sauvage aux pommes
Wildente mit Äpfeln

Für 4 Personen:

2 Wildenten
150 g Butter
1 Knoblauchzehe
Thymian, Lorbeerblatt
1 EL Ingwerpulver
Salz, Pfeffer
1 Tasse Bouillon
6 Äpfel
Johannisbeergelee
1 Glas Portwein

Lassen Sie die Butter in einem Topf bräunen, braten Sie die Enten von allen Seiten darin an und geben Sie dann Knoblauch, Thymian und ein Lorbeerblatt, Ingwerpulver und eine Prise Salz und Pfeffer dazu. Löschen Sie mit einer Tasse Wasser oder Bouillon und lassen Sie die Enten auf kleiner Flamme eine Dreiviertelstunde schmoren. Inzwischen werden die geschälten und vom Kernhaus befreiten Äpfel in etwas Butter im Backofen nicht allzu weich gedämpft. Man füllt sie mit Johannisbeergelee und garniert damit die auf einer vorgewärmten Platte angerichteten Enten. Der Bratfond wird mit Portwein vollendet und über die angerichteten Enten gegossen oder separat gereicht.

Der passende Wein: Vosne-Romanée (Burgunder); Saint-Emilion (Bordeaux).

Faisan à la choucroute
Fasan auf Weinkraut (Elsaß)

Für 4 Personen:

1 Fasan
50 g Butter
100 g geräucherter Speck in Scheiben
1 kg gekochtes Sauerkraut
Salz, Pfeffer
2 Glas Weißwein

Lassen Sie in einem großen Topf die Butter bräunen und braten Sie darin den ganzen oder in Stücke zerteilten Fasan von allen Seiten goldgelb. Dann nehmen Sie ihn aus dem Topf und legen diesen mit Speckscheiben aus. Darauf verteilen Sie das Sauerkraut, geben den Fasan oder die Fasanstücke obenauf, würzen mit Salz und Pfeffer und gießen Weißwein darüber. Gut zugedeckt, muß der Fasan auf dem Kraut noch eine halbe Stunde gedämpft werden.

Der passende Wein: Sylvaner oder Riesling.

Faisan en cocotte
Fasan im Topf

Für 4 Personen:

1 Fasan
Speck
50 g Butter
Salz und Pfeffer
16 Perlzwiebelchen
300 g kleine Champignons

Der gesäuberte Fasan wird mit Speck umwickelt, mit Zwirn umbunden und in heißer Butter von allen Seiten angebräunt. Geben Sie Salz und Pfeffer dazu und lassen Sie ihn eine halbe Stunde auf kleiner Flamme schmoren. Inzwischen werden die Zwiebelchen geschält, die Champignons geputzt und rund um den von Speck und Zwirn befreiten Fasan verteilt. Lassen Sie alles noch eine halbe Stunde schmoren und servieren Sie den Fasan im Topf.

Der passende Wein: roter Bordeaux oder Burgunder.

Faisan aux pommes
Fasan mit Äpfeln

Für 4 Personen:

1 Fasan
Speck
200 g Rosinen
100 g Butter
6 Äpfel
1 Glas Portwein
150 g feine Farce aus haschierter Kalbsleber
mit gehackter Trüffel
Salz, Pfeffer
1 Glas Calvados

Füllen Sie den Fasan mit der Farce, salzen, pfeffern Sie ihn und bräunen Sie ihn in 50 g Butter an. Die Rosinen werden in Calvados eingeweicht, die Äpfel geschält und im Ofen in der restlichen Butter und Portwein gargedämpft, wobei man sie öfters mit der sich bildenden Sauce übergießt. Den Fasan begießt man, während er schmort, mit einem halben Glas Wasser, gibt die Rosinen und den Calvados zum Bratfond und serviert, wenn er gar ist, den Fasan mit Äpfeln umkränzt und mit der Rosinensauce übergossen.

Der passende Wein: Bordeaux oder Burgunder, rot.

Pigeon aux pommes
Taube mit Äpfeln

Pro Person:

1 Taube
100 g feines Wurstbrät
Thymian, Salz und Pfeffer
25 g Butter
2 Äpfel
2 EL Öl
1 EL Cognac

Mischen Sie zerriebenen Thymian, Salz und Pfeffer unter das Wurstbrät, füllen Sie die Taube damit und braten Sie sie dann von allen Seiten goldbraun. Die Äpfel werden geschält, geviertelt und in heißem Öl gebraten. Bitte achten Sie darauf, daß sie nicht zu weich und beim Wenden nicht zerdrückt werden. Die fertig gebratene Taube wird mit Cognac flambiert, auf den Äpfeln angerichtet und mit dem Bratfond übergossen.

Der passende Wein: Brouilly (Beaujolais); Burgueil (Touraine); Pomerol (Bordeaux).

Perdreaux au chou
Junge Rebhühner mit Weißkohl

Für 2 Personen:

2 junge Rebhühner
1 Weißkohl
25 g Butter
100 g geräucherter magerer Speck
3 Karotten
2 Zwiebeln
250 g Toulouser (geräucherte Kochwurst)
Salz, Pfeffer
1 Glas Weißwein
Speck
Cognac

Waschen Sie den Kohl, entfernen Sie schadhafte Blätter und den Strunk und blanchieren Sie ihn eine Viertelstunde in kochendem Wasser. Den grobgewürfelten Speck, die feingehackten Zwiebeln und die in Scheiben geschnittenen Karotten bräunen Sie in Butter und geben den abgetropften, grobgehackten Kohl und die Wurst dazu. Würzen Sie mit Salz und Pfeffer, gießen Sie Weißwein darüber und lassen Sie das Ganze, zugedeckt, auf kleiner Flamme eine Stunde lang dünsten. Die gewürzten Rebhühner werden mit Speck umwickelt, im heißen Ofen eine halbe Stunde gebacken, dann, von ihrem Speckmantel befreit, noch eine Viertelstunde lang gebräunt und mit Cognac flambiert. Man richtet sie auf dem Kohl an und begießt sie mit dem losgekochten Bratfond.

Der passende Wein: ein leichter roter Burgunder.

Perdrix à la choucroute
Rebhuhn auf Sauerkraut

Für 3 Personen:

3 junge Rebhühner
100 g Speckscheiben
1 kg rohes Sauerkraut
1 geräucherte Kochwurst
Salz, Pfeffer
Wacholderbeeren
½ l trockener Weißwein
50 g Gänsefett

Ein irdener Topf wird mit Speckscheiben ausgelegt, auf die man das rohe Sauerkraut, die Wurst und eine gute Prise Salz und Pfeffer verteilt. Fügen Sie ein paar Wacholderbeeren hinzu und gießen Sie den Weißwein darüber. Das Kraut soll zugedeckt bei schwacher Hitze zweieinhalb Stunden lang im Ofen garen. Separat braten Sie in Gänsefett die mit Salz und Pfeffer gewürzten und mit Speck umwickelten Rebhühner in einer halben Stunde gar. Dann werden die von ihrem Speckmantel befreiten Rebhühner samt Bratfond auf das Kraut gegeben und der Topf noch einmal für dreißig Minuten in den Ofen geschoben. In der Kasserolle auftragen.

Der passende Wein: Elsässer Weißwein (Riesling).

Salmis de palombe
Wildtaubenragout (Gascogne)

Für 4 Personen:

2 Wildtauben
50 g Butter
150 g roher Schinken
150 g Champignons
4 Schalotten
2 Zwiebeln
Salz, Pfeffer
1 Gläschen Cognac (25 ccm)
1 EL Mehl
1 Glas Rotwein
1 Tomate

Die Wildtauben werden halbiert, in Butter von allen Seiten goldgelb angebraten und aus dem Topf genommen. Geben Sie Schinken, Champignons, Schalotten und Zwiebeln, alles fein gehackt, in den Topf; lassen Sie das Ganze etwas bräunen, legen Sie auch die Tauben wieder dazu, würzen Sie mit Salz und Pfeffer und flambieren Sie. Dann wird Mehl darüber gestäubt und unter Rühren Rotwein aufgegossen. Zuletzt kommt die geschälte, zerkleinerte Tomate in das Ragout. Man läßt es auf kleiner Flamme noch eine Dreiviertelstunde ziehen.

Der passende Wein: Madiran.

Civet de lièvre
Hasenpfeffer

Für 8 Personen:

1 Hase
250 g magerer Speck
50 g Butter
200 g kleine Zwiebeln
Salz, Pfeffer
2 EL Mehl
½ l Burgunder
Thymian, Lorbeerblatt, Petersilie
2 Knoblauchzehen
1 Gläschen Cognac

Zerlegen Sie den ausgenommenen Hasen in Portionsstücke, fangen Sie dabei das Blut auf (damit wird später die Sauce gebunden) und ziehen Sie, soweit möglich, die weiße Haut ab. In einem Topf mit heißer Butter werden das Hasenfleisch und der in Würfel geschnittene Speck angebräunt, man gibt die Zwiebeln dazu, würzt mit Salz und Pfeffer. Stäuben Sie nun Mehl über das Fleisch und löschen Sie, wenn es unter Rühren Farbe angenommen hat, mit Rotwein ab. Nun kommen die Kräuter in den Topf, und man läßt das Ganze auf kleiner Flamme eine Stunde lang schmoren. Die Hasenstücke aus dem Bratfond nehmen und ihn mit dem Blut binden. Ein Gläschen Cognac hineinrühren, die Sauce durchseihen und über das angerichtete Fleisch gießen. Sie können die Sauce auch mit einer Mischung aus Hasenblut und einer Tasse Sahne binden. Dazu reichen Sie: frische hausgemachte Nudel.

Der passende Wein: Morgon oder Côte-de-Beaune.

Lapin à la moutarde
Kaninchen in Senfsauce

Für 4 Personen:

1 Kaninchen
100 g fetter Speck
1 Glas Senf
50 g Butter
Salz, Pfeffer
1 Tasse Weißwein
1 Kräutersträußchen
Knapp ⅕ l Sahne

Das Kaninchen wird mit dem Speck gespickt, in Stücke zerteilt und mit reichlich Senf bestrichen. Braten Sie die Stücke in einer Schmorpfanne in heißer Butter von allen Seiten goldgelb, fügen Sie je eine Prise Salz und Pfeffer, den Weißwein und die Kräuter hinzu und lassen Sie das Kaninchenfleisch, zugedeckt, auf kleiner Flamme fünfunddreißig Minuten schmoren. Vor dem Anrichten wird der Bratfond mit Sahne legiert.

Der passende Wein: weißer Burgunder (Chablis).

Lapin sauté au lard
Kaninchen in Specksauce

Für 4 Personen:

1 Kaninchen
200 g geräucherter Speck
25 g Butter
Salz, Pfeffer
Thymian, Lorbeerblatt
1 Tasse Bouillon

Der Hase wird in Stücke geschnitten, der Speck in Würfel, und beides wird in heißer Butter goldbraun angebraten. Man salzt, pfeffert, gibt Thymian und ein Lorbeerblatt dazu und löscht mit der Bouillon ab. Zugedeckt fünfunddreißig Minuten schmoren lassen und den Bratfond, wenn nötig, vor dem Anrichten noch etwas einkochen lassen.
Reichen Sie Teigwaren dazu.

Der passende Wein: Mercurey (Burgunder); Saint-Amour (Beaujolais); Côtes-du-Rhône.

Lapin aux olives
Kaninchenragout mit Oliven

Für 6 Personen:

1 Kaninchen
50 g geräucherter Speck
50 g Butter
1 Schalotte
200 g grüne Oliven
1 Glas Weißwein
Salz, Pfeffer

Der Hase wird in Portionsstücke zerlegt und mit dem kleingeschnittenen Speck in heißer Butter unter häufigem Wenden goldbraun angebraten. Nach 15 Minuten geben Sie die feingehackte Schalotte und die gewässerten, entkernten Oliven in den Topf, gießen ein Glas Weißwein und ein Glas Wasser dazu, würzen mit Salz und Pfeffer und lassen das Fleisch auf kleiner Flamme eine knappe Dreiviertelstunde schmoren.

Lapin aux haricots
Kaninchen mit weißen Bohnen

Für 4 Personen:

1 Kaninchen
500 g weiße Bohnen
1 EL Öl
250 g geräucherter magerer Speck
4 Zwiebeln
4 Tomaten
Thymian, Lorbeerblätter
Salz und Pfeffer
2 Glas Weißwein

Die Bohnen werden am Vorabend eingeweicht und am nächsten Tag in reichlich frischem Wasser gar, aber nicht zu weich gekocht. Inzwischen bräunen Sie in heißem Öl den würfelig geschnittenen Speck, geben die feingehackten Zwiebeln und das in Stücke geschnittene Kaninchen dazu und braten es von allen Seiten goldgelb. Man gibt die geschälten, zerdrückten Tomaten, Thymian, Lorbeer, Salz und Pfeffer dazu, löscht mit Weißwein ab, deckt den Topf zu und läßt das Kaninchenfleisch eine halbe Stunde schmoren. Nun kommen die Bohnen in den Topf; man läßt sie noch eine Viertelstunde mitdünsten.
(Wenn Sie frisch ausgehülste weiße Bohnen verwenden, kommen diese, ungekocht, erst mit den Tomaten in den Topf.)

Der passende Wein: Cahors; Passe-tout-grain (roter Burgunder).

Canard aux raisins verts
Ente mit weißen Trauben

Für 4 Personen:

1 Ente
500 g weiße Trauben
50 g Butter
Salz, Pfeffer
1 Gläschen Cognac

Geben Sie die Ente in einen Topf mit heißer Butter
und bräunen Sie sie von allen Seiten goldgelb. Inzwischen werden die Trauben entkernt und die Hälfte
davon zu Saft gepreßt. Die Ente wird mit Cognac
flambiert, mit Salz und Pfeffer gewürzt und mit dem
Traubensaft übergossen. Zugedeckt eine knappe halbe
Stunde schmoren lassen, nach zwanzig Minuten die
Trauben dazugeben und die Sauce abschmecken.
Wenn nötig, ein Stück Zucker zugeben.
Die Ente tranchiert auf einer vorgewärmten Platte anrichten und mit der Traubensauce überziehen.

Selle de chevreuil
Rehrücken

Für 6 Personen:

1 Rehrücken
2 Glas Weißwein
2 EL Öl
1 Zwiebel
1 Karotte
Thymian, Lorbeerblätter, Pfefferkörner
1 Petersiliensträußchen
100 g fetter Speck
Salz
50 g Butter

Aus Wein und Öl, Zwiebel, Karotte, Thymian, Lorbeerblatt, Salz, Pfefferkörnern, Petersiliensträußchen eine
Marinade bereiten. Den Rehrücken mit Speck spicken
und einen Tag lang unter gelegentlichem Wenden in
der Marinade beizen. Gut abtropfen lassen, abtrocknen, salzen, dick mit Butter bestreichen und dann in
einer Bratform im Ofen, umlegt von den Gemüsen und
Kräutern der Marinade, vierzig bis sechzig Minuten
bei starker Hitze braten lassen. Gelegentlich mit dem
Bratfond begießen. Der Rehrücken muß rosa bleiben,
darf also nicht zu lange braten. Den fertigen Rehrücken
aus dem Bratfond nehmen, warmstellen und den Fond
mit der Marinade löschen. Auf großer Flamme einkochen lassen, durchseihen und über den angerichteten Rehrücken gießen.
Servieren Sie Kastanienpüree und Johannisbeerkon-
fitüre dazu.

Der passende Wein: ein kräftiger roter Burgunder.

Les desserts - Süsspeisen

Figues fourrées
Gefüllte Feigen

Für 4 Personen:

150 g Mandeln
50 g Puderzucker
1 EL Sahnequark
8 rohe Feigen

Brühen und häuten Sie die Mandeln, legen Sie acht davon beiseite und mahlen Sie die restlichen ganz fein. Die geriebenen Mandeln mit Puderzucker und Sahnequark zu einer dicken Füllmasse verrühren. Schneiden Sie die Feigen kreuzweise ein, damit Sie die Viertel aufklappen können, ohne daß die Feige auseinanderfällt. In jedes Viertel füllen Sie etwas von der Mandelmasse und legen in die Mitte eine ganze Mandel.

Tarte aux mûres
Brombeerkuchen

Für 6 Personen:

400 g Mürbteig (Rezept S.10)
1 kg Kochäpfel
100 g Puderzucker
50 g Butter
200 g Brombeeren

Kleiden Sie eine Springform mit Mürbteig aus. Schälen Sie die Äpfel, schneiden Sie sie feinblättrig und verteilen Sie die Blättchen auf dem Teig. Man siebt Puderzucker darüber und schiebt die Torte, mit Butterflöckchen belegt, in den Ofen. Sie wird bei mittlerer Hitze gebacken, bis der Teig sich goldgelb färbt. Nach dem Erkalten garnieren Sie den Kuchen mit Brombeeren.

Poires au vin
Birnen in Wein

Für 8 Personen:

8 Kochbirnen
1 l Rotwein
½ Zitrone
2 Zimtstangen
1 Pimentkorn
150 g Puderzucker
Zucker

Die Birnen werden geschält, den Stiel läßt man daran.
Man kocht die Birnen in einer Mischung aus Rotwein,
einem halben Liter Wasser, dem Saft einer halben
Zitrone und würzt mit Stangenzimt und Piment. Sobald die Birnen gar sind, nimmt man sie aus dem Wein
und stellt sie kalt. Lassen Sie den Wein auf kleiner
Flamme um die Hälfte einkochen, entfernen Sie Zimtstangen und Pimentkorn und zuckern Sie den Saft, in
dem Sie, wenn er ganz abgekühlt ist, die Birnen servieren. Anstelle von Piment kann man auch einige
Zweiglein frischen wilden Thymian (Quendel) verwenden.

Compote de poires caramelisée
Karamelisiertes Birnenkompott

Für 8 Personen:

2 kg Birnen
200 g Puderzucker
½ Zitrone
150 g Würfelzucker

Die Birnen werden geschält, in Stücke geschnitten und
zusammen mit einem Glas Wasser und Puderzucker
weich gekocht. Dann streicht man die Birnen durch
ein Sieb, gibt das Püree in einen tiefen Teller und verrührt es gut mit dem Saft einer halben Zitrone. Den
Würfelzucker läßt man mit etwas Wasser karamelisieren und gießt ihn, sobald er goldgelb, aber noch nicht
braun ist, in kleinen runden Klecksen auf das Kompott.
Nach Belieben kann man die Hälfte der Birnen durch
Äpfel ersetzen.

Poires en robe
Birnen im Schlafrock

Für 6 Personen:

6 Birnen
500 g Blätterteig
150 g Mandeln
40 g Zucker
2 Eigelb
1 Eigelb zum Bestreichen
Für den Teig:
250 g Quark
250 g Butter
300 g Mehl
Salz

Wählen Sie sechs schöne, reife, aber nicht zu weiche
Birnen. Aus Quark, Butter, Mehl und einer Prise Salz
kneten Sie einen Blätterteig und rollen ihn dünn aus.
Die Mandeln werden fein gemahlen und in einer
Schüssel mit dem Zucker in zwei Eigelb gut verrührt.
Aus dem Teig schneiden Sie Rechtecke von gut der
doppelten Größe einer Birne, bestreichen diese mit der
Mandelcreme und wickeln in jedes eine Birne. Die
Ränder werden fest zusammengedrückt, die Ober-
fläche leicht mit einer Gabel eingestochen und mit
Eigelb bestrichen. Man bäckt die eingehüllten Früchte
bei mittlerer Hitze eine Dreiviertelstunde im Ofen.
Servieren Sie die Birnen im Schlafrock warm oder
lauwarm.

Tarte aux poires
Birnentorte

Für 6 Personen:

500 g Mürbteig (Rezept S. 10)
4 Birnen
100 g Puderzucker
1 Stange Zimt
250 g Quark
3 EL Sahne
Erdbeerkonfitüre

Bereiten Sie einen Mürbteig und lassen Sie ihn ruhen.
Inzwischen werden die Birnen geschält und in einem
Sirup aus Wasser, 50 g Puderzucker und Zimt gekocht.
Abkühlen lassen. Kleiden Sie eine Springform mit dem
ausgerollten Teig aus und backen Sie ihn in etwa einer
knappen halben Stunde bei mittlerer Hitze im Ofen
goldgelb. Der abgekühlte Teig wird mit der Hälfte der
abgetropften, in Stücke geschnittenen Birnen belegt,
darüber verteilen Sie den mit Sahne und dem restlichen
Zucker verrührten Quark. Obenauf geben Sie wieder
eine Schicht Birnen und überziehen sie mit Erdbeerkonfitüre.

Gâteau aux pêches et framboises
Pfirsich-Erdbeer-Torte

Für 8 Personen:

7 Eier
250 g Puderzucker
200 g Mehl
1 Päckchen Vanillezucker
1 Msp. Salz
Butter
8 Pfirsiche
¼ l Zuckerwasser
¼ l Schlagsahne
250 g Erdbeeren

Trennen Sie die Eier und schlagen Sie Eigelb mit Puderzucker, bis die Masse hellschaumig wird. Dann werden Mehl und Vanillezucker dazugerührt. Das Eiweiß wird mit einer Messerspitze Salz zu Schnee geschlagen und vorsichtig unter den Teig gehoben, den man in eine große gebutterte Springform füllt und bei mittlerer Hitze eine gute halbe Stunde bäckt ·(Hölzchenprobe machen). Den fertigen Teig sofort aus der Form stürzen und abkühlen lassen. Die Pfirsiche schälen, halbieren, entkernen und in Zuckersirup nicht zu weich kochen. Der gut ausgekühlte Bisquitteig wird horizontal in drei Böden geschnitten. Auf jeden der Böden wird Schlagsahne gestrichen, die man mit den kleingeschnittenen Pfirsichen und halbierten Erdbeeren belegt. Nach Wunsch kann man die Bisquitböden vor dem Zusammensetzen mit Kirschwasser tränken, das man mit einem Schuß Wasser verdünnt hat.

Tarte au fromage blanc
Quarkkuchen

Für 6 Personen:

500 g Mehl
4 Eier
100 g Butter
2—3 EL Öl
Salz
200 g Quark
2 EL Sahne
1 Orange
100 g Zucker

Schütten Sie das Mehl auf den Tisch, drücken Sie in die Mitte eine Mulde und geben Sie zwei Eier, Öl, Butter und eine Messerspitze Salz dazu. Verkneten Sie alles gut miteinander und fügen Sie, wenn nötig, etwas Wasser hinzu. Formen Sie eine Kugel aus dem Teig, die Sie ein bis zwei Stunden im Kalten ruhen lassen. Dann wird der Teig ausgerollt, man kleidet eine gefettete Springform damit aus und läßt die Teigränder etwas über den Rand hängen. Der Quark wird mit Sahne, den restlichen Eiern, der geriebenen Schale einer ungespritzten Orange und dem Zucker verrührt und auf den Teig geschichtet. Die überstehenden Teigränder klappt man darüber und läßt den Kuchen bei mittlerer Hitze eine Stunde lang backen.

Œufs à la neige
Eier im Schnee

Für 6 Personen:

1 l Milch
2 Stangen Vanille
8 Eier
200 g feiner Zucker
200 g Puderzucker

Die Milch aufkochen und die ausgekratzte Vanille darin ziehen lassen. Die Eier trennen und das Eigelb mit feinem Streuzucker kräftig schaumig schlagen. Die erkaltete Milch dazugeben und gut verrühren. Diese Creme wird in einem Topf unter ständigem Rühren mit einem Holzlöffel erhitzt, darf aber nicht kochen. Sobald sie zu stocken beginnt, läßt man sie unter gelegentlichem Rühren abkühlen. Inzwischen wird das Eiweiß zu steifem Schnee geschlagen und mit dem Puderzucker verrührt. Pochieren Sie nun in sprudelndem Wasser diese Eiweißmasse, indem Sie mit einem großen Löffel Kugeln herausstechen und ins Wasser gleiten lassen, diese einmal wenden und mit dem Schaumlöffel behutsam herausnehmen. Die erkaltete Creme wird in eine flache Schüssel gegeben und die pochierten Eiweißbällchen darauf verteilt. Wenn Sie wollen, können Sie noch eine flüssige Karamelmasse (aus Wasser und Zucker) über die Eiweißbällchen gießen.

Crème renversée
Karamelpudding

Für 6 Personen:

1 l Milch
2 Vanillestangen
8 Eier
250 g Puderzucker
50 g Würfelzucker

Kochen Sie die Milch auf und lassen Sie die ausgekratzten Vanillestangen darin ziehen. Eier und Zucker werden schaumig geschlagen und unter die erkaltete Vanillemilch gerührt. Geben Sie den Würfelzucker in eine Puddingform und erhitzen Sie ihn mit einem Eßlöffel Wasser, bis er schmilzt und braun wird. Das Karamel lassen Sie über die Wände der Form gleiten und gießen, sobald es erstarrt ist, die Eiermilch hinein. Lassen Sie die Creme im mittelheißen Backofen stocken, machen Sie nach einer Dreiviertelstunde die Hölzchenprobe und stürzen Sie den fertigen, völlig erkalteten Karamelpudding auf eine Platte. (Daher die französische Bezeichnung, die »umgekehrter Pudding« heißt.)

Omelette à la confiture
Omelett mit Konfitüre

Für 6 Personen:

12 Eier
1 Msp. Salz
50 g Zucker
½ Glas Rum
25 g Butter
Konfitüre: (Erdbeer-, Kirsch-, Pfirsich-,
Aprikosen- oder Birnenkonfitüre)

Schlagen Sie die Eier mit dem Schneebesen schaumig und fügen Sie eine Messerspitze Salz, Zucker und Rum hinzu. Lassen Sie die Butter in einer Pfanne zergehen und gießen Sie von der Eiermasse hinein. Bei mittlerer Hitze backen und dabei behutsam vom Rand her mit dem Omelettwender lockern. Die Konfitüre wird in die Mitte gegeben, das Omelett zusammengeklappt und heiß serviert.

Meringue glacée sauce chocolat
Eismeringen mit Schokoladensauce

Für 4 Personen:

25 g Butter
100 g Kochschokolade
1 Orange
8 Meringen
250 g Vanilleeis

Bereiten Sie eine Schokoladensauce, indem Sie Butter und Kochschokolade schmelzen lassen und mit ein bis zwei Eßlöffeln Wasser cremig verrühren. Verfeinern Sie die Sauce mit der geriebenen Schale einer Orange. Für jeden Gast werden zwei Meringen mit einer Kugel Vanilleeis gefüllt, die man beim Auftragen mit Schokoladensauce überzieht.

Beignets aux pommes
Apfelküchlein

Für 6 Personen:

150 g Mehl
2 Eier
1 EL Öl
1 Glas Milch
½ Glas Bier
1 Msp. Salz
1 kg Äpfel
1 Zitrone
Ausbacköl
Kristallzucker

Verrühren Sie Mehl, Eier und Öl, geben Sie, unter Rühren, Milch, Bier und eine Messerspitze Salz dazu. Lassen Sie den Teig, der nicht zu dick sein soll, ein paar Stunden stehen. Die geschälten Äpfel werden in Ringe geschnitten; das Kernhaus wird sorgfältig ausgestochen. Beträufeln Sie die Äpfel mit Zitronensaft, tauchen Sie Scheibe für Scheibe in den Teig und backen Sie sie in Öl schwimmend heraus.
Die Beignets werden, mit Kristallzucker bestreut, sofort knusprig-heiß gegessen.

Pommes au nid
Äpfel im Nest

Für 8 Personen:

8 Äpfel
1 Zitrone
100 g Zucker
150 g Mehl
½ Tasse Sahne
100 g Butter
1 Msp. Salz
Einige Kirschen

Die Äpfel werden geschält, man sticht das Kernhaus aus und beträufelt sie mit Zitronensaft. In einer Schüssel werden Zucker und Mehl vermischt; man fügt die Sahne und die geschmolzene Butter hinzu, streut eine Messerspitze Salz hinein und rührt gut um. Die Äpfel kommen in eine Auflaufform, werden mit dem Teig umgossen und eine halbe Stunde lang bei mittlerer Hitze gebacken. Dekorieren Sie die fertigen Äpfel im Nest mit Kirschen, die Sie kurz in kochendes Wasser getaucht haben, und servieren Sie das Gericht warm oder lauwarm.

Couronne de pommes
Apfelkranz

Für 6 Personen:

1,5 kg Äpfel
50 g Butter
150 g Zucker
1 TL Zimt
Nüsse
¼ l Sahne

Die Äpfel werden geschält, in große Stücke geschnitten und dann fest in eine gut gebutterte Kranzform gedrückt. Lösen Sie 100 g Zucker in einer kleinen Tasse Wasser auf, fügen Sie Zimtpulver hinzu und gießen Sie das Zuckerwasser über die Äpfel. Ein paar Butterflöckchen darauf verteilen und die Form mit den Äpfeln eine Stunde lang im Wasserbad im Backofen kochen. Aus dem Ofen genommen, werden die Äpfel auf eine runde Platte gestürzt, mit Walnußkernen garniert und mit gezuckerter Schlagsahne aufgetragen.

Pommes au four (I)
Bratäpfel mit Rum

Für 8 Personen:

1,5 kg Kochäpfel
50 g Butter
100 g Puderzucker
100 g Rosinen
½ Glas Rum

Die Äpfel schälen und in feine Schnitze schneiden. Eine Auflaufform mit Butter ausstreichen und die gezuckerten Äpfel hineinschichten. Geben Sie die in Rum eingeweichten Rosinen mit dem Rum darüber und verteilen Sie zuoberst ein paar Butterflöckchen. Die Äpfel werden bei mittlerer Hitze eine Stunde lang im Ofen gebraten und, warm oder lauwarm, nach Belieben mit frischer Sahne gereicht.

Pommes au four (II)
Bratäpfel mit Quittengelee

Für 6 Personen·

6 Äpfel
1 Zitrone
50 g Butter
100 g Quittengelee

Äpfel schälen, das Kernhaus ausstechen und mit Zitronensaft beträufeln. In eine gebutterte Auflaufform stellen, in jeden Apfel ein Butterflöckchen geben und bei mittlerer Hitze etwa fünfundzwanzig Minuten braten lassen. Dann gibt man in jeden Apfel einen Löffel voll Quittengelee und schiebt sie nochmals für eine Viertelstunde in den abgeschalteten Backofen.

Mousse au chocolat
Schokoladenschaum

Für 6 Personen:

6 Eier
200 g Puderzucker
300 g Schokolade
Salz
1 Orange

Die Eier werden getrennt und das Eigelb mit Puderzucker schaumig geschlagen. Die Schokoladetafeln legt man in einen Topf, gießt deckend Wasser darüber, das man erwärmt, bis die Schokolade weich ist. Gießen Sie dann das Wasser vorsichtig ab und rühren Sie die weiche Schokolade mit dem Schneebesen unter die Eimasse. Das Eiweiß wird mit einer Prise Salz zu steifem Schnee geschlagen, den man behutsam unter die Schokoladencreme hebt. Geben Sie die fein abgeriebene Schale einer Orange dazu und servieren Sie die Creme eisgekühlt

Gâteau roulé aux fraises
Erdbeer-Roulade

Für 6 Personen:

8 Eier
250 g Puderzucker
250 g Mehl
125 g Butter
Salz
500 g Erdbeeren

Eier und Zucker werden mit dem Schneebesen schaumig geschlagen; man gibt nach und nach das Mehl,
die zerlassene Butter und zuletzt eine Messerspitze
Salz dazu. Waschen Sie die Erdbeeren, entfernen Sie
die Stiele und lassen Sie die Beeren auf einem Küchentuch gut abtropfen. Den Teig streichen Sie auf ein
gebuttertes Backblech und schieben ihn für eine
knappe Viertelstunde in den heißen Backofen. Sobald
die Ränder des Teigs sich goldgelb zu färben beginnen, nehmen Sie das Blech aus dem Ofen, lassen die
Teigplatte auf ein Küchentuch gleiten, belegen Sie mit
halbierten Erdbeeren und rollen das Ganze sofort zusammen, noch ehe der Teig anfängt, spröde und
brüchig zu werden.
Die fertige Roulade wird mit Erdbeerhälften verziert
und mit Puderzucker überstäubt.

Pain perdu
Verlorenes Brot

Für 8 Personen:

1 kg trockenes Weißbrot
½–1 l Milch
4 Eier
3 EL Öl
1 EL Zimtpulver
200 g Puderzucker
100 g Rosinen
1 Glas Rum
1 Msp. Salz
25 g Butter

Brechen Sie das Brot in Stücke und weichen Sie es in
Milch ein. Fügen Sie die Eier, das Öl, Zimt und Zucker
und die in Rum eingeweichten Rosinen samt Rum,
sowie eine Messerspitze Salz hinzu und verrühren Sie
die Masse gut. Eine Auflaufform mit Butter ausstreichen und mit der Brotmasse füllen. Mit Butterflöckchen bestecken, bei starker Hitze eine Dreiviertelstunde
im Ofen überbacken und warm oder lauwarm servieren.

Tarte à la rhubarbe
Rhabarberkuchen

Für 6 Personen:

500 g Mehl
1 Ei
Salz
150 g Butter
1 kg Rhabarber
150 g Zucker
¼–½ l Sahne

Schütten Sie das Mehl in eine große Schüssel, drücken Sie eine Mulde hinein, in die Sie das Ei, ein halbes Glas Wasser, eine Messerspitze Salz und die erwärmte Butter geben. Kneten Sie den Teig gut durch, formen Sie eine Kugel und lassen Sie sie im Kühlen rasten. Inzwischen wird der Rhabarber geschält, in Stücke geschnitten und, gezuckert, in einem Topf ohne Wasser auf kleiner Flamme erwärmt. Etwa eine Stunde lang dünsten, bis der Saft, der sich von selbst bildet, ganz verdampft ist. Legen Sie nun eine gebutterte Springform mit dem ausgerollten Teig aus, füllen Sie den Rhabarber hinein, streichen ihn glatt und belegen ihn gitterförmig mit Teigstreifen. Bei mittlerer Hitze eine gute halbe Stunde im Ofen backen und lauwarm oder kalt mit frischer Sahne auftragen.

Clafoutis aux cerises
Kirschauflauf (Limousin)

Für 8 Personen:

1 kg Kirschen
6 Eier
150 g Zucker
150 g Mehl
⅕ l Sahne
1 Gläschen Kirschwasser
Salz
25 g Butter

Verteilen Sie die entkernten Kirschen in einer großen, gebutterten Auflaufform. Schlagen Sie Eier und Zucker schaumig, fügen Sie nach und nach das Mehl, die Sahne und das Kirschwasser und eine Messerspitze Salz hinein und gießen Sie den Teig über die Kirschen. Bei guter Mittelhitze eine dreiviertel Stunde backen (Hölzchenprobe). Der Kirschauflauf wird lauwarm oder kalt gegessen.

Gâteau au pamplemousse
Pampelmusenkuchen

Für 6 Personen:

4 Eier
250 g Puderzucker
250 g Mehl
150 g Butter
1 TL Backpulver
3 Pampelmusen (Grapefruits)
Salz
½ Glas Cognac
1 Handvoll Würfelzucker

Schlagen Sie vier Eier mit 200 g Puderzucker schaumig und fügen Sie unter Rühren Mehl, zerlassene Butter und das Backpulver hinzu. Die Schale der Pampelmusen wird abgerieben und mit einer Messerspitze Salz in den Teig gemischt. Füllen Sie ihn in eine gebutterte Springform und backen Sie ihn bei mittlerer Hitze etwa eine Dreiviertelstunde. Abkühlen lassen und aus der Form nehmen. Die Pampelmusen schälen, zwei davon zu Saft pressen, den Saft mit 50 g Zucker und Cognac zu Sirup kochen und noch heiß über den Kuchen verteilen. Lassen Sie eine Handvoll Würfelzucker mit etwas Wasser auf großer Flamme goldbraun karamelisieren und überziehen Sie damit den Kuchen. Die dritte Pampelmuse wird in Schnitze geteilt und zur Dekoration verwendet.

Gâteau marbré
Marmorkuchen

Für 6 Personen:

4 Eier
300 g Puderzucker
300 g Butter
300 g Mehl
1 TL Backpulver
150 g Kakao
1 Töpfchen Schokoladenglasur (Couverture)

Eier und Zucker mit dem Schneebesen schaumig schlagen, die zerlassene Butter dazugeben und nach und nach das Mehl hineinrühren, bis ein geschmeidiger Teig entstanden ist. Zum Schluß kommt das Backpulver dazu. Teilen Sie den Teig in zwei gleiche Hälften und verrühren Sie die eine mit Kakao. Füllen Sie beide Teigarten abwechselnd in eine gebutterte Kuchenform, backen Sie den Marmorkuchen bei mittlerer Hitze eine knappe Stunde. (Wenn an einem in den Teig gesteckten Hölzchen kein Teig mehr haften bleibt, ist der Kuchen fertig.)
Überziehen Sie den aus der Form gestürzten Kuchen mit geschmolzener Schokoladenglasur.

Tarte normande
Normannische Torte

Für 6 Personen:

500 g Mürbteig (Rezept S. 10)
1 kg Äpfel
50 g Butter
100 g Puderzucker
200 g Mandeln
Zuckerguß aus 100 g Puderzucker, Zimt und 1 EL
heißem Wasser
1 EL Zimtpulver

Bereiten Sie einen Mürbteig, kleiden Sie eine Springform damit aus und backen Sie ihn bei mittlerer Hitze
im Ofen, bis er beginnt, sich goldgelb zu färben. Inzwischen werden die Äpfel geschält, in Stückchen
geschnitten und mit der Butter zu Püree gekocht.
Zuckern Sie das Apfelpüree und bestreichen Sie damit
den Teig. Darüber streuen Sie gehackte Mandeln,
überziehen den Kuchen mit Zuckerglasur und schieben
Sie ihn vor dem Servieren noch einige Minuten unter
den Grill.

Tarte aux abricots et fraises
Aprikosen-Erdbeer-Torte

Für 6 Personen:

400 g Mürbteig (Rezept S. 10)
500 g Aprikosen, geschält
100 g Aprikosenkonfitüre
200 g Erdbeeren

Kleiden Sie eine Springform mit dem Teig aus und
belegen Sie ihn mit den Aprikosenhälften. Backen Sie
den Kuchen bei mittlerer Hitze eine Dreiviertelstunde
und lassen Sie ihn abkühlen. Die Aprikosenkonfitüre
wird mit einem Eßlöffel Wasser verrührt; damit bestreichen Sie den Kuchen, den Sie zum Schluß mit
Erdbeeren garnieren.

Fromage blanc aux pêches
Pfirsichquark

Für 8 Personen:

50 g Rosinen
½ Glas Rum
6 Pfirsiche
500 g Quark
150 g Puderzucker
⅛ l Sahne
Nüsse

Weichen Sie die Rosinen in Rum ein, schälen Sie die Pfirsiche und teilen Sie die Früchte in Achtel. Der Quark wird mit Zucker und Sahne verrührt und kurz vor dem Servieren mit den Pfirsichen und Rosinen gemischt. Geriebene Nüsse darüberstreuen.
Im Winter können Sie für dieses Dessert auch Pfirsiche aus der Dose nehmen.

Salade de fruits rouges
Roter Obstsalat

Für 6 Personen:

100 g Zucker
1 Glas Rotwein
400 g Pfirsiche
200 g Erdbeeren
200 g Johannisbeeren

Lösen Sie den Zucker in einem Glas Rotwein und einem halben Liter Wasser auf. Schälen und zerteilen Sie die Pfirsiche, waschen und entstielen Sie Erdbeeren und Johannisbeeren und übergießen Sie die Früchte in einer Schale mit dem Sirup. Gut gekühlt servieren.

Charlotte aux marrons
Maronen-Charlotte

Für 8 Personen:

4 Eigelb
50 g Puderzucker
200 g Butter
1 kg pürierte Maronen
1 Päckchen Vanillezucker
1 Glas Rum
30 Löffelbisquits
Für die Custard-Sauce:
1 l Milch
1 Vanilleschote
7 Eigelb
250 g Puderzucker

Vier Eigelb werden mit 50 g Puderzucker schaumig geschlagen und mit der weichen, aber nicht flüssigen Butter verrührt. Geben Sie unter Rühren nach und nach die gekochten, fein pürierten Maronen, die Sie mit Vanillezucker und Rum abgeschmeckt haben, dazu. Boden und Seiten einer Puddingform werden mit Löffelbisquits ausgelegt; man füllt die Maronencreme hinein und legt zuoberst eine Schicht Bisquits. Für einige Stunden kühl stellen, dann stürzen und mit Custard-Sauce servieren.
Für die Sauce wird die Milch mit der ausgekratzten Vanilleschote aufgekocht und warmgehalten. Sieben Eigelb schlägt man mit Zucker schaumig, gibt nach und nach die Milch dazu und erwärmt die Creme unter fleißigem Rühren, bis sie dicklich wird. Sie darf nicht mehr kochen und muß bis zum Erkalten gerührt werden.

Charlotte aux pralinés
Pralinen-Charlotte

Für 6 Personen:

24 Löffelbisquits
½ Glas Kirschwasser
400 g Schokolade
5 Eigelb
200 g Puderzucker
150 g Pralinen
Gehackte Mandeln

Legen Sie Boden und Seiten einer Charlottenform mit Löffelbisquits aus, die Sie mit Kirschwasser (nach Belieben mit etwas Wasser verdünnt) getränkt haben. Lassen Sie die Schokolade in einem Topf mit heißem Wasser weich werden und gießen Sie dann das Wasser gleich ab. Die Eier werden mit Zucker schaumig geschlagen, mit der weichen Schokolade, der erwärmten Butter und den zerkleinerten Pralinen verrührt und in die ausgelegte Form gefüllt. Den Abschluß bildet wieder eine Schicht Bisquits. Stellen Sie die Charlotte kühl. Vor dem Anrichten wird sie gestürzt und mit gehackten Mandeln bestreut. Dazu können Sie eine Vanille-Sauce servieren

Deutsches Register der Rezepte

Französisches Register der Rezepte

Inhaltsverzeichnis der Kapitel